UTB 4561

Eine Arbeitsgemeinschaft der Verlage

Böhlau Verlag · Wien · Köln · Weimar
Verlag Barbara Budrich · Opladen · Toronto
facultas · Wien
Wilhelm Fink · Paderborn
A. Francke Verlag · Tübingen
Haupt Verlag · Bern
Verlag Julius Klinkhardt · Bad Heilbrunn
Mohr Siebeck · Tübingen
Nomos Verlagsgesellschaft · Baden-Baden
Ernst Reinhardt Verlag · München · Basel
Ferdinand Schöningh · Paderborn
Eugen Ulmer Verlag · Stuttgart
UVK Verlagsgesellschaft · Konstanz, mit UVK/Lucius · München
Vandenhoeck & Ruprecht · Göttingen · Bristol
Waxmann · Münster · New York

Sabahat Gürbüz

Verfassungs- und Verwaltungsrecht für die Soziale Arbeit

Eine praxisnahe Einführung

Mit 7 Abbildungen

Ernst Reinhardt Verlag München Basel

Prof. Dr. jur. *Sabahat Gürbüz*, ist Fachanwältin für Familienrecht und lehrt Recht im Fachbereich Soziale Arbeit und Gesundheit – Health und Social Work an der Frankfurt University of Applied Sciences.

Bibliografische Information der Deutschen Nationalbibliothek

Die Deutsche Nationalbibliothek verzeichnet diese Publikation in der Deutschen Nationalbibliografie; detaillierte bibliografische Daten sind im Internet über <http://dnb.d-nb.de> abrufbar.

UTB-Band-Nr.: 4561
ISBN 978-3-8252-4561-0

Printed in Germany
Einbandgestaltung: Atelier Reichert, Stuttgart
Cover unter Verwendung © Aintschie / Fotolia.com
Satz: JÖRG KALIES – Satz, Layout, Grafik & Druck, Unterumbach

Ernst Reinhardt Verlag, Kemnatenstr. 46, D-80639 München
Net: www.reinhardt-verlag.de E-Mail: info@reinhardt-verlag.de

Inhalt

Hinweise zur Benutzung dieses Lehrbuchs

Verwendung der Icons

 Aus der Rechtsprechung

§§ Aus dem Gesetz

Abkürzungsverzeichnis

Alt.	Alternative
Anm. d. Autorin	Erläuterungen der Autorin zum Inhalt der Entscheidung
AufenthG	Gesetz über den Aufenthalt, die Erwerbstätigkeit und die Integration von Ausländern im Bundesgebiet (Aufenthaltsgesetz)
Art.	Artikel
BAföG	Bundesausbildungsförderungsgesetz
BEEG	Gesetz zum Elterngeld und zur Elternzeit
BGB	Bürgerliches Gesetzbuch
BKGG	Bundeskindergeldgesetz
BSG	Bundessozialgericht
BT-Drs.	Bundestagsdrucksache
BVG	Gesetz über die Versorgung der Opfer des Krieges (Bundesversorgungsgesetz)
BVerfG	Bundesverfassungsgericht
BVerfGE	Entscheidungen des Bundesverfassungsgerichts
BVerfGG	Gesetz über das Bundesverfassungsgericht
BverwG	Bundesverwaltungsgericht
BVerwGE	Entscheidungen des Bundesverwaltungsgerichts
bzw.	beziehungsweise
d.h.	das heißt
d. Verf.	der Verfasser
f.	folgende
ff.	fortfolgende
GG	Grundgesetz für die Bundesrepublik Deutschland
ggf.	gegebenenfalls
Herv. i. Orig.	Hervorhebung im Original
h.M.	herrschende Meinung
LPartG	Gesetz über die Eingetragene Lebenspartnerschaft
i.d.R.	in der Regel
i.S.	im Sinne
i.S.d.	im Sinne des
i.V.m.	in Verbindung mit

LSG	Landessozialgericht
m. w. N.	mit weiteren Nachweisen
Nr.	Nummer
Nrn.	Nummern
NRW	Nordrhein-Westfalen
OLG	Oberlandesgericht
OVG	Oberverwaltungsgericht
PsychkG	Psychisch-Kranken-Gesetz
S.	Satz
SG	Sozialgericht
SGG	Sozialgerichtsgesetz
SGB II	Sozialgesetzbuch, Zweites Buch, Arbeitslosenhilfe
SGB VIII	Sozialgesetzbuch, Achtes Buch, Kinder- und Jugendhilfe
SGB XII	Sozialgesetzbuch, Zwölftes Buch, Sozialhilfe
SGB X	Sozialgesetzbuch, Zehntes Buch, Verwaltungsverfahren
sog.	sogenannte
StGB	Strafgesetzbuch
u. a.	unter anderem
UnterhVG	Unterhaltsvorschussgesetz
usw.	und so weiter
u. U.	unter Umständen
VG	Verwaltungsgericht
VGH	Verwaltungsgerichtshof
vgl.	vergleiche
VwGO	Verwaltungsgerichtsordnung
VwVfG	Bundes-Verwaltungsverfahrensgesetz
VwVG	Verwaltungsvollstreckungsgesetz
VwZG	Verwaltungszustellungsgesetz
WaffG	Waffengesetz
WHG	Wasserhaushaltsgesetz
WoGG	Wohngeldgesetz
z. B.	zum Beispiel

Vorwort

Die Befassung mit rechtlichen Fragestellungen wird auch für die im Bereich der Sozialen Arbeit Tätigen immer bedeutsamer und komplexer. Dabei genügt es einerseits nicht, nur Gesetzestexte zu kennen, andererseits ist es aber auch nicht erforderlich, jedes juristische Detail zu erlernen und zu beherrschen. Wichtig – und für eine sachgerechte Anwendung in der Praxis notwendig – ist es vielmehr, Systematik und Zweck der Regelungen zu verstehen und auch die wichtigsten Entscheidungen und Leitlinien aus der Rechtsprechung zu kennen. Gerade Letzteres erleichtert den Zugang zu den ansonsten abstrakten Bestimmungen, da ihr Inhalt und ihre Bedeutung durch die Anwendung auf konkrete Lebenssachverhalte nachvollziehbar werden. Das Buch soll die Studierenden mit den für die Praxis wichtigen Grundzügen des Verfassungs- und Verwaltungsrechts als Grundlagen der Sozialen Arbeit vertraut machen. Dazu gehört auch, den Studierenden die Bedeutung des Rechts als Grundlage allen Verwaltungshandelns noch einmal bewusst zu machen.

Neuere Entwicklungen in Rechtsprechung und Gesetzgebung werden berücksichtigt und führen so die Bedeutung des Rechts im Wandel der Zeit bei der Gestaltung des Zusammenlebens vor Augen.

Die Studierenden sollen in die Lage versetzt werden, die einschlägigen Vorschriften zu erkennen und systematisch richtig auf Sachverhalte anzuwenden. Dazu werden ihnen die Struktur der Gesetze, deren Inhalt sowie Sinn und Zweck erläutert. Sie sollen lernen, sich im Gesetz zu orientieren und Gesetzestexte zu verstehen.

Die zahlreichen Beispiele und Zitate aus der Rechtsprechung sollen die Studierenden aber auch ermutigen, sich selbst Gedanken über den Regelungsinhalt und die praktische Anwendung zu machen und Zielsetzungen und professionelle Handlungsstrategien zu diskutieren. Sie sollen die gesetzlichen Vorgaben umsetzen, ohne eine eigene Meinung und damit Verantwortung zu scheuen. Interessante, möglichst aktuelle Fälle aus der Praxis erleichtern die Erarbeitung der Systematik, das Verständnis und auch die Erinnerung an das Erlernte.

Abschließend möchte ich meiner Tochter und meinem Mann danken. Sie haben mich geduldig, interessiert und auch kritisch bei der Erstellung des Buches begleitet.

Frankfurt am Main, Oktober 2015
Sabahat Gürbüz

1 Soziale Arbeit und Recht

Soziale Arbeit ist seit Ende des 20. bzw. Beginn des 21. Jahrhunderts zu einer Profession geworden, die wissenschaftsfundiert versucht, praktische soziale Probleme in der Gesellschaft zu lösen, zu lindern oder zu verhindern, woran sich auch schon die Ausbildung von SozialarbeiterInnen und SozialpädagogInnen etc. orientiert. Der wachsenden Bedeutung der Sozialen Arbeit entspricht eine zunehmende Verrechtlichung, was bedeutet, dass Soziale Arbeit und Recht zusammengehören. Wer Soziale Arbeit leistet, muss die für sie geltenden Regeln – das Recht – kennen. Das Recht ist folglich wesentlicher Teil der fachwissenschaftlichen Ausbildung.

Definition der Sozialen Arbeit

Während die Bezeichnung *Soziale Arbeit* seit den 1990er Jahren zunächst überwiegend als Ober- und Sammelbegriff für die Fachrichtungen *Sozialpädagogik* und *Sozialarbeit* diente, wurde im Jahr 2000 durch den Internationalen Sozialarbeiterverband, die International Federation of Social Workers (IFSW), folgende Definition gegeben:

„Die Profession Sozialer Arbeit setzt sich ein für sozialen Wandel, die Lösung von Problemen in menschlichen Beziehungen sowie die Befähigung und Befreiung von Menschen mit dem Ziel, das Wohlergehen zu fördern. Gestützt auf Theorien menschlichen Verhaltens und sozialer Systeme interveniert Soziale Arbeit an den Stellen, wo Menschen mit ihrer Umwelt in Wechselwirkung stehen. Grundlage Sozialer Arbeit sind die Prinzipien der Menschenrechte und der sozialen Gerechtigkeit." (International Federation of Social Workers and International Association of Schools of Social Work 2004)

Die Definition betont die Prinzipien der Menschenrechte und der sozialen Gerechtigkeit. Sie bezieht somit die Kategorie des Rechts mit ein.

Rolle des Rechts

Die Soziale Arbeit leistet Hilfestellungen in der Gesellschaft. Das Recht legt die Grundprinzipien des Zusammenlebens in einer Gemeinschaft fest. Es regelt das Zusammenleben in allen Bereichen und versucht einen Ausgleich der Interessen und Ansprüche. Das betrifft aber nicht nur das Verhältnis der BürgerInnen untereinander, sondern – und das ist von besonderer Bedeutung – auch deren Verhältnis zum Staat. Staat und Gesellschaft stehen sich nicht gegenüber, sondern gestalten idealerweise miteinander die Lebenswirklichkeit der Gemeinschaft.

BürgerInnen sind nicht untergeordnet, sie haben vielmehr neben Mitwirkungsrechten (z. B. Wahlen) auch Abwehrrechte gegen den Staat. Sie können vom Staat auch Hilfe erwarten und sogar beanspruchen. Die Hilfe wird von der Solidargemeinschaft der BürgerInnen getragen. Es entsteht ein soziales System, dessen Umsetzung wiederum dem Staat obliegt.

Die Regeln hierfür stellt der Gesetzgeber auf. Sie haben – anders als *Moral* und *Sitte* – einen allgemeinen Geltungsanspruch. Das System von Regeln ist das Recht und seine Anwendung erfolgt durch die Verwaltung. Die Entscheidungen des Gesetzgebers und der Verwaltung sind durch Gerichte überprüfbar.

SozialarbeiterInnen werden in der Beratung und/oder Verwaltung tätig und wenden die Rechtsregeln somit an.

Das **Recht** ist also die **Grundlage der Gemeinschaft**. Die wesentlichen Grundentscheidungen sind in der **Verfassung** verankert. Die Anwendung der Normen durch den Staat regelt das **Verwaltungsrecht**. Die Erfüllung der Herausforderung, Mitgliedern unserer Gesellschaft zu helfen und sie zu beraten, erfordert zwingend, die Grundprinzipien der Gemeinschaft und der Gesellschaft, also das *System von Regeln*, zu kennen und es richtig anzuwenden. Damit rückt Recht stärker in den Fokus der Ausbildung. Seine Kenntnis in der Praxis gehört zu den grundlegenden Beratungskompetenzen aller SozialarbeiterInnen.

SozialarbeiterInnen handeln *rechtmäßig*. Sie wenden das in den Gesetzen geregelte Recht an, um die Soziale Arbeit zu leisten. Das Recht bestimmt den Handlungsrahmen. Es gewährt Freiraum für Entscheidungen, setzt aber auch Grenzen oder schreibt ein bestimmtes Verhalten vor und begründet Ansprüche der Betroffenen gegen den Staat.

2 Gesellschaftliche Grundprinzipien nach dem deutschen Rechtssystem (Staatsprinzipien)

Die Grundlagen des Zusammenlebens sind in der Verfassung eines Staates geregelt. Die Verfassung der Bundesrepublik Deutschland heißt *Grundgesetz* (GG).

Grundgesetz

Das Grundgesetz verankert **Grundrechte** der Bürger (z. B. Meinungsfreiheit), legt **Staatsprinzipien** fest (z. B. Demokratie), beschreibt die **Staatsgewalten** und ihr Verhältnis zueinander (Gesetzgebung, Verwaltung, Rechtsprechung), regelt Bestellung, Aufgabe und Funktionsweise wichtiger Staatsorgane, einschließlich der Teilhabe der Bürger (z. B. Bundestag, Bundesregierung, Bundespräsident) und beschreibt das **Verhältnis** zwischen dem **Bund und den Ländern**. Die Ausgestaltung und Konkretisierung des Verfassungsrechts erfolgen u. a. durch Gesetze, Verordnungen und weitere abstrakt-generelle Regelungen. Diese und ihre Anwendung müssen daher mit der Verfassung vereinbar sein. Die wesentlichen Strukturmerkmale der Bundesrepublik Deutschland und die grundlegenden politischen Wertentscheidungen des Zusammenlebens in Deutschland finden ihren Ausdruck in bestimmten Staatsprinzipien (Katz 2010).

Staatsprinzipien

Die wesentlichen Staatsprinzipien sind in Art. 20 Abs. 1 Grundgesetz (GG) verankert:

§§

Art. 20 Abs. 1 GG

„Die Bundesrepublik Deutschland ist ein demokratischer und sozialer Bundesstaat."

Die Struktur der Länder muss dieser Vorgabe entsprechen (Art. 28 GG). Daraus ergeben sich die nachfolgend beschriebenen Einzelmerkmale oder eben **Staatsprinzipien**.

2.1 Bundesstaat (Art. 20 Abs. 1, 28, 30, 31, 70 GG) (Föderalismus)

Der Begriff **Bundesrepublik** beschreibt einen föderalen Staat, der aus einem Gesamtstaat (Bund) und 16 Gliedstaaten (Länder) besteht (Schmidt 2015a).

Bund und Länder

Das Wesensmerkmal der bundesstaatlichen Ordnung liegt darin, dass sowohl der Bund als auch die Länder **eigene Staatsgewalten** für ihren Zuständigkeitsbereich besitzen und damit u. a. Gesetze erlassen können (Katz 2010; Ipsen 2014a). Man spricht dann von Bundes- beziehungsweise Landesrecht. Die Ausübung staatlicher Befugnisse und die Erfüllung staatlicher Aufgaben sind grundsätzlich Sache der Länder (Art. 30 GG). Auch das Recht der Gesetzgebung haben grundsätzlich die Länder (Art. 70 GG) (Ipsen 2014a). Ausschließliche Gesetzgebungszuständigkeiten des Bundes, die notwendigerweise einheitlich zu regeln sind, sind z. B. die Staatsangehörigkeitsrecht, das Waffen- und Sprengstoffrecht oder die Erzeugung und Nutzung der Kernenergie zu friedlichen Zwecken (Art. 73 GG).

Das Grundgesetz geht also von einer starken Position der Länder aus (Katz 2010; Badura 2015).

2.1.1 Selbstverwaltungsgarantie der Länder

Länderhoheiten

Die Absicherung dieser starken Stellung der Länder erfolgt durch die Garantie bestimmter Hoheiten:

Gebietshoheit: Die Befugnis, Anordnungen gegenüber allen in einem Gebiet befindlichen Personen und Sachen zu treffen.

Organisationshoheit: Die Befugnis eines Verwaltungsträgers zur Bildung, Einrichtung und Aufhebung von Organen, zur Festlegung ihrer inneren Ordnung sowie ihrer personellen und sachlichen Ausstattung.

Personalhoheit: Das Recht auf freie Auswahl, Anstellung, Beförderung und Entlassung von Mitarbeitern, allerdings durch arbeits- und beamtenrechtliche Gesetze eingeschränkt (Badura 2015).

Finanzhoheit: Die Kompetenz zur Gestaltung der eigenen Finanzwirtschaft (z. B. Steuern).

Planungshoheit: Das Recht gemäß Art. 28 Abs. 2 GG, in eigener Verantwortung die städtebauliche Entwicklung durch Bauleitpläne (Flächennutzungspläne, Bebauungspläne) zu ordnen.

Rechtsetzungshoheit im eigenen Wirkungskreis: Das Recht zur Regelung aller örtlichen Angelegenheiten, die nicht kraft Gesetzes anderen Trägern öffentlicher Verwaltung übertragen sind.

2.1.2 Verwirklichung der Selbstverwaltung der Länder

Rechte der Gemeinden

Zur Verwirklichung der Selbstverwaltung haben die Gemeinden das Recht, **Satzungen** (= eigene Rechtsnormen) zur Regelung ihrer Angelegenheiten zu erlassen. Die gemeindliche Selbstverwaltung wird daneben durch folgende **Rechte gewährleistet**:

- das Recht der Gemeinden, einen *Anteil am Steueraufkommen* zu erhalten (Art. 106 Abs. 5–8 GG),
- das Recht der Gemeinden zur *Einrichtung einer Volksvertretung* (Art. 28 Abs. 1 GG) und
- das Recht der Gemeinden zur *Erhebung einer Kommunalverfassungsbeschwerde* (Art. 93 Abs. 1 Nr. 4b GG).

2.1.3 Aufgaben der Gemeinden

Gemeinden nehmen eigene Aufgaben wahr, aber auch solche, die eigentlich dem Bund oder Land zugewiesen sind. Eine Konsequenz der Selbstständigkeit der Länder ist es, dass es in den Bundesländern **unterschiedliche Organisationsstrukturen** bei der Aufgabenwahrnehmung gibt, denen verschiedene Aufgabentypen entsprechen (Badura 2015). Im Ergebnis muss daher bei inhaltlich identischer Aufgabenstellung in jedem Bundesland zunächst geprüft werden, ob und welche Besonderheiten bei der Aufgabenerfüllung gelten. Dies macht es für den Anwender erforderlich, sich mit den Regelungen des jeweiligen Landes vertraut zu machen und nicht voreilig von der Rechtslage des einen Bundeslandes auf die eines anderen zu schließen. Grundsätzlich kann dabei danach unterschieden werden, ob es sich um eine *Selbstverwaltungsaufgabe* oder um eine *Auftragsangelegenheit* bzw. *Pflichtaufgabe zur Erfüllung nach Weisung* handelt.

Selbstverwaltung der Aufgaben

Bei der **Selbstverwaltungsaufgabe** nimmt die Kommune eine eigene Aufgabe wahr, bei der sie selbst entscheidet, *ob*, *wann* und *wie* sie sie erfüllt. Es handelt sich dann um eine freiwillige Selbstverwaltungsaufgabe (z. B. Errichtung von Schwimmbädern, Museen, Wirtschafts- und Wohnungsbauförderung). Ist die Gemeinde zur Erfüllung kraft Gesetzes verpflichtet (*ob*) und kann sie daher nur über das *Wann* und *Wie* entscheiden, spricht man von einer pflichtigen Selbstverwaltungsaufgabe (z. B. Katastrophenschutz, Errichtung von Kindergärten).

übernommene Aufgaben

Ob eine **Auftragsangelegenheit** oder eine **Pflichtaufgabe zur Erfüllung nach Weisung** vorliegt, richtet sich nach der Organisationsstruktur der Aufgabenzuordnung in dem jeweiligen Bundesland. In einigen Bundesländern sind diese Aufgaben nach dem Landesrecht dem Staat zugeordnet, der sich zu ihrer Erfüllung lediglich der Kommune bedient. Man spricht von einer Auftragsangelegenheit (Kommune *im Auftrag* des Staates). In anderen Bundesländern ist die Aufgabe nach dem Landesrecht der Kommune als eigene zugewiesen. Sie heißt dann Pflichtaufgabe zur Erfüllung nach Weisung (Erfüllung einer *eigenen Aufgabe* der Kommune). Die Kommunen unterliegen jeweils den Weisungen (*wann* und *wie*) des Staates (z. B. Flüchtlingsgesetz).

2.1.4 Verhältnis Bund/Länder

Bundesrepublik

Die Selbstverwaltung der Kommunen ist Ergebnis und konsequente Umsetzung der von der Verfassung vorgegebenen Struktur des Staates. Deutschland ist eine Bundesrepublik (Badura 2015; Wabnitz 2014), d. h., der Bund darf nur staatliche Befugnisse übernehmen, Aufgaben erfüllen oder Gesetze erlassen, wenn dies das Grundgesetz ausdrücklich zulässt (Badura 2015). Ansonsten liegt die Zuständigkeit bei den Ländern und deren Kommunen.

2.2 Demokratie (Art. 20 Abs. 1 und 2, 28 GG)

Das Demokratieprinzip (Katz 2010) ist als tragende Säule des gesellschaftlichen Zusammenlebens im Grundgesetz selbst definiert (siehe zum Begriff auch Schmidt, 2015a; Wabnitz 2014):

§§

Art. 20 Abs. 2 GG

„Alle Staatsgewalt geht vom Volke aus. Sie wird vom Volke in Wahlen und Abstimmungen und durch besondere Organe der Gesetzgebung, der vollziehenden Gewalt und der Rechtsprechung ausgeübt."

Volk und Staatsgewalt

Das **Volk** ist der Träger der Staatsgewalt. Es übt die Staatsgewalt mittels von ihm gewählter **Repräsentanten** aus (Bethge/von Coelln 2011; Badura 2015). Dabei gilt das Mehrheitsprinzip.

Alles staatliche Handeln muss durch das Volk legitimiert sein, insbesondere muss es sich auf Gesetze zurückführen lassen. Ein wesentliches Mitwirkungsrecht ist daher die regelmäßige Wahl der Gesetzgebungsorgane auf Bundes- und Landes- sowie auch auf kommunaler Ebene. Damit verbunden, wenn auch nur mittelbar über die Stimmverhältnisse im Bundestag bzw. Landtag, ist der Einfluss auf die Bildung der Regierung als Exekutive. Die Regierungsmehrheit beruht auf der Anzahl der Abgeordneten der eigenen Fraktion im Parlament und damit auf dem Abstimmungsverhalten des Volkes bei den Wahlen zur Legislative. Die dritte Staatsgewalt, die Rechtsprechung, verkündet ihre Urteile schließlich *im Namen des Volkes*.

Mehrheitsprinzip und Minderheiten

Wer Strukturen und Regelungen ändern will, muss überzeugen und braucht demokratische **Mehrheiten**. Ein Diktat eines Einzelnen oder einer Minderheit ist nicht gewünscht und ausgeschlossen. Umgekehrt benötigt die Minderheit Schutz vor der Mehrheit, denn auch die Minderheit soll gehört werden und muss die Möglichkeit haben, sich zu entfalten. Denn nur so hat wirklich das gesamte Volk ein Mitspracherecht, das notwendig ist, damit Demokratie lebendig bleibt (Bethge/von Coelln 2011; Badura 2015; zum Begriff: Schmidt 2015a).

2.3 Sozialstaat (Art. 20 Abs. 1, 28 Abs. 1 GG)

Deutschland ist ein Sozialstaat. Das Grundgesetz legt dies als Staatszielbestimmung fest (Bethge/von Coelln 2011).

Zielsetzung

Der Sozialstaat ist darauf gerichtet, soziale Sicherheit und Gerechtigkeit herzustellen und zu erhalten. Der Staat ist mitverantwortlich für den Ausgleich sozialer Unterschiede zwischen den Bürgern und verpflichtet, in sozialen Notlagen Hilfe zu leisten (Katz 2010). Gemeint ist damit allerdings keine entwürdigende Totalversorgung, sondern **Hilfe zur Selbsthilfe** (Katz 2010; Badura 2015).

Soziale Sicherheit und soziale Gerechtigkeit (hierzu ausführlicher: Degenhart 2014) sind also nicht nur politische Schlagworte. Sie sind zentrale Vorgaben des Grundgesetzes. Was dies im Einzelnen bedeutet, ergibt sich aus der Auslegung des Grundgesetzes. Zuständig dafür ist das **Bundesverfassungsgericht** (Ipsen 2014a). Will man also den Inhalt des verfassungsrechtlichen Sozialstaatsprinzips näher erfassen, ist es notwendig, die einschlägige Rechtsprechung des Bundesverfassungsgerichts hinzuzuziehen.

2.3.1 Grundprinzipien der sozialen Sicherung nach dem Bundesverfassungsgericht

Das Bundesverfassungsgericht hat bestimmte Prinzipien des Sozialstaats herausgearbeitet, die die Vorgaben des Grundgesetzes näher ausgestalten (Ipsen 2014a; Wabnitz 2014).

Ziele des Sozialstaates

- Der Sozialstaat verfolgt die Ziele des **Ausgleichs sozialer Gegensätze** und die Schaffung einer **gerechten Sozialordnung**. Er begründet das Gebot der sozialen Gerechtigkeit und Chancengleichheit.

Entscheidung „Ausgleich der Sozialen Gegensätze" (BVerfGE 22, 180, Urteil vom 18.07.1967):
„Wenn Art. 20 Abs. 1 GG ausspricht, daß die Bundesrepublik ein sozialer Bundesstaat ist, so folgt daraus nur, daß der Staat die Pflicht hat, für einen Ausgleich der sozialen Gegensätze und damit für eine gerechte Sozialordnung zu sorgen; dieses Ziel wird er in erster Linie im Wege der Gesetzgebung zu erreichen suchen."

Entscheidung „Verbot der KPD" (BVerfGE 5, 85, Urteil vom 17.08.1956):
„Eine Partei ist nicht schon dann verfassungswidrig, wenn sie die obersten Prinzipien einer freiheitlichen demokratischen Grundordnung (vgl. BVerfGE 2, 1 [12 f.]) nicht anerkennt; es muß vielmehr eine aktiv kämpferische, aggressive Haltung gegenüber der bestehenden Ordnung hinzukommen. Eine Partei ist schon dann verfas-

sungswidrig, wenn sie eine andere soziale und politische Ausprägung der freiheitlichen Demokratie als die heutige in der Bundesrepublik deshalb erstrebt, um sie als Durchgangsstadium zur leichteren Beseitigung jeder freiheitlichen demokratischen Grundordnung überhaupt zu benutzen, mag diese Beseitigung auch erst im Zusammenhang mit oder nach der Wiedervereinigung stattfinden sollen."

Entscheidung „Numerus Clausus Entscheidung" (BVerfGE 33, 303, Urteil vom 03.05.1972):
Anm. d. Autorin: Das BVerfG stellte zunächst fest, dass aus dem Sozialstaatsprinzip kein Anspruch auf eine Ausbildungsstätte erwächst. Wenn der Staat aber Ausbildungseinrichtungen schafft, dann hat jeder einen Anspruch auf chancengleiche Zulassung. Dies folge aus dem Gleichbehandlungsgrundsatz (Art. 3 GG) i. V. m. dem Grundrecht der Berufsfreiheit (Art. 12 GG) und dem Sozialstaatsprinzip.
Aus den Gründen: „Aus dem in Art. 12 Abs. 1 Satz 1 GG gewährleisteten Recht auf freie Wahl des Berufes und der Ausbildungsstätte in Verbindung mit dem allgemeinen Gleichheitssatz und dem Sozialstaatsprinzip folgt ein Recht auf Zulassung zum Hochschulstudium. Dieses Recht ist durch Gesetz oder auf Grund eines Gesetzes einschränkbar. Absolute Zulassungsbeschränkungen für Studienanfänger einer bestimmten Fachrichtung sind nur verfassungsmäßig,
a) wenn sie in den Grenzen des unbedingt Erforderlichen unter erschöpfender Nutzung der vorhandenen Ausbildungskapazitäten angeordnet werden und b) wenn die Auswahl und Verteilung der Bewerber nach sachgerechten Kriterien mit einer Chance für jeden an sich hochschulreifen Bewerber und unter möglichster Berücksichtigung der individuellen Wahl des Ausbildungsortes erfolgen."

- Das Sozialstaatsprinzip gebietet eine **gleichmäßige Verteilung der öffentlichen Lasten** (Lastenausgleichsgebot).

Entscheidung „Entschädigung von Kriegsfolgeschäden" (BVerfGE 27, 253, Beschluss vom 03.12.1969):
„Ergibt sich aus der dargestellten katastrophalen Situation nach dem Zusammenbruch des Deutschen Reiches schon allgemein, daß dem Gesetzgeber für die Regelung der Kriegs- und Kriegsfolgelas-

ten ein sehr weites Gestaltungsermessen zugestanden werden muß (vgl. BVerfGE 15, 167 [201]; 23, 153 [168]), so gilt dies auch für die Ausgestaltung der in den Teilregelungen gewährten Ausgleichs- oder Entschädigungsansprüche nach ihrer Art und Höhe. Der Krieg und seine Folgen haben in Millionen verschiedenartiger Fälle zu materiellen und immateriellen Schäden geführt. Es ist nicht möglich, für diesen Gesamtbereich gesetzliche Regelungen zu finden, die im Ergebnis jeden Bürger gleichstellen und Schicksalsschläge in jedem Einzelfall gerecht ausgleichen. Vielmehr muß es genügen, wenn die gesetzliche Regelung in großen Zügen dem Gerechtigkeitsgebot entspricht. Namentlich durfte sich der Gesetzgeber angesichts des Ausmaßes des ‚Staatsbankrotts' (Herv. i. Orig.) beim Ausgleich von Schäden an Eigentum oder Vermögen darauf beschränken, gewisse äußerste Folgen auszugleichen, um die unbedingt erforderliche Grundlage für die wirtschaftliche Existenz der Betroffenen zu gewährleisten oder wiederherzustellen, er durfte also sozialen Erwägungen den Vorrang geben."

- Das Sozialstaatsprinzip fordert die **Sicherung des Existenzminimums**.

Entscheidung „Einkommensbesteuerung" (BVerfGE 82, 60, Beschluss vom 29.05.1990):
„Bei der Einkommensbesteuerung muß ein Betrag in Höhe des Existenzminimums der Familie steuerfrei bleiben; nur das darüber hinausgehende Einkommen darf der Besteuerung unterworfen werden."

- Das Sozialstaatsprinzip fordert eine Hilfestellung für Menschen mit materiellen, gesundheitlichen oder psychologischen Problemen (vgl. BVerfG, NJW 1977, 1489). Amtsinhaber sind (daher) nicht nur Vollstrecker staatlichen Willens und nicht nur Diener des Staates, sondern auch **Helfer des Bürgers** (vgl. BVerfG, NJW 1965, 1227).

Entscheidung „Der Soldatenmord von Lebach – Resozialisierungsentscheidung" (BVerfGE 35, 202, Urteil vom 06.06.1973):
Anm. d. Autorin: Ein wegen Mordes verurteilter Straftäter, dessen Tat in der Öffentlichkeit erhebliches Aufsehen erregt hatte, klagte

kurz vor seiner Entlassung gegen eine Fernsehanstalt, die einen Spielfilm über seine Verbrechen ausstrahlen wollte. Das BVerfG untersagte die Ausstrahlung, weil dadurch der Resozialisierungsanspruch des Strafgefangenen verletzt werde. Der Resozialisierungsanspruch folge aus dem Grundsatz der Menschenwürde und dem Sozialstaatsprinzip. Aus dem Sozialstaatsprinzip folge die Pflicht zur Vor- und Fürsorge für Personen, die in ihrer sozialen Entfaltung behindert seien, auch wenn dies auf persönlicher Schuld beruhe. Zu diesen Personen gehörten auch Strafgefangene und -entlassene.
Leitsätze u. a.: „Für die aktuelle Berichterstattung über schwere Straftaten verdient das Informationsinteresse der Öffentlichkeit im allgemeinen den Vorrang vor dem Persönlichkeitsschutz des Straftäters. Jedoch ist neben der Rücksicht auf den unantastbaren innersten Lebensbereich der Grundsatz der Verhältnismäßigkeit zu beachten; danach ist eine Namensnennung, Abbildung oder sonstige Identifikation des Täters nicht immer zulässig. Der verfassungsrechtliche Schutz der Persönlichkeit läßt es jedoch nicht zu, daß das Fernsehen sich über die aktuelle Berichterstattung hinaus etwa in Form eines Dokumentarspiels zeitlich unbeschränkt mit der Person eines Straftäters und seiner Privatsphäre befaßt. Eine spätere Berichterstattung ist jedenfalls unzulässig, wenn sie geeignet ist, gegenüber der aktuellen Information eine erheblich neue oder zusätzliche Beeinträchtigung des Täters zu bewirken, insbesondere seine Wiedereingliederung in die Gesellschaft (Resozialisierung) zu gefährden. Eine Gefährdung der Resozialisierung ist regelmäßig anzunehmen, wenn eine den Täter identifizierende Sendung über eine schwere Straftat nach seiner Entlassung oder in zeitlicher Nähe zu der bevorstehenden Entlassung ausgestrahlt wird."

Entscheidung „Pflichtarbeit beim Strafvollzug" (BVerfG, Urteil vom 01.07.1998, 2 BvR 441/90):
Leitsätze u. a.: „Das Grundgesetz verpflichtet den Gesetzgeber, ein wirksames Konzept der Resozialisierung zu entwickeln und den Strafvollzug darauf aufzubauen. Dabei ist ihm ein weiter Gestaltungsraum eröffnet. Arbeit im Strafvollzug, die dem Gefangenen als Pflichtarbeit zugewiesen wird, ist nur dann ein wirksames Resozialisierungsmittel, wenn die geleistete Arbeit angemessene Anerkennung findet. Diese Anerkennung muß nicht notwendig finanzieller Art sein. Sie muß aber geeignet sein, dem Gefangenen den Wert regelmäßiger Arbeit für ein künftiges eigenverantwortetes und straffreies Leben in Gestalt eines für ihn greifbaren Vorteils vor

Augen zu führen. Ein gesetzliches Konzept der Resozialisierung durch Pflichtarbeit, die nur oder hauptsächlich finanziell entgolten wird, kann zur verfassungsrechtlich gebotenen Resozialisierung nur beitragen, wenn dem Gefangenen durch die Höhe des ihm zukommenden Entgelts in einem Mindestmaß bewußt gemacht werden kann, daß Erwerbsarbeit zur Herstellung der Lebensgrundlage sinnvoll ist. Art. 12 Abs. 3 GG beschränkt die zulässige Zwangsarbeit auf Einrichtungen oder Verrichtungen, bei denen die Vollzugsbehörden die öffentlich-rechtliche Verantwortung für die ihnen anvertrauten Gefangenen behalten."

2.3.2 Kernprinzipien der Umsetzung der sozialen Sicherung

Umsetzung durch den Staat durch Prinzipien

Somit verpflichtet das Grundgesetz den Staat zur Herstellung und zum Erhalt sozialer Sicherheit **(soziale Sicherung)**. Die Umsetzung der sozialen Sicherung durch den Staat folgt wiederum bestimmten Prinzipien:

Vorsorge/Versicherungsprinzip: Die Verwirklichung eines Risikos wird durch die Verteilung der Folgen auf die Gesellschaft für den Einzelnen beherrschbar, z. B. gesetzliche Krankenversicherung (SGB V), gesetzliche Rentenversicherung (SGB VI), soziale Pflegeversicherung (SGB XI) oder Arbeitsförderung (SGB III).

Versorgungsprinzip/Entschädigung: Für Sonderopfer erfolgt ein voller Ausgleich (kein bloßer Gegenwert von Beitragszahlungen), wenn besondere Leistungen, insbesondere für den Staat erbracht wurden, z. B. Beamte (Treupflicht), Opferentschädigungsgesetz, Kriegsopferentschädigungsgesetz.

Förderungsprinzip: Soziale Ungleichheiten und Gegensätze werden ausgeglichen. Dies ist eine Folge des Gebots der sozialen Gerechtigkeit und Chancengleichheit, z. B. Wohngeld, Ausbildungsförderung, Kindergeld.

Hilfsprinzip: Bei Bedürftigkeit werden öffentliche Sach- oder/und Geldleistungen unabhängig davon gewährt, ob Beiträge gezahlt wurden oder nicht, z. B. Recht der Jugendhilfe, Sozialhilfe.

2.4 Rechtsstaat (Art. 20 Abs. 3 GG)

Deutschland ist ein Rechtsstaat (Maurer 2014). Art. 20 Abs. 3 GG beschreibt das **Rechtsstaatsprinzip**:

§§

Art. 20 Abs. 3 GG

„Die Gesetzgebung ist an die verfassungsmäßige Ordnung, die vollziehende Gewalt und die Rechtsprechung sind an Gesetz und Recht gebunden."

Alles staatliche Handeln ist danach an *Gesetz und Recht* gebunden. Struktur und Zuständigkeit folgen diesem Grundsatz (Katz 2010).

2.4.1 Materieller und formeller Rechtsstaat

Rechtsstaatsbegriffe

Man unterscheidet zwischen materiellem und formellem Rechtsstaatsbegriff. Der **materielle** Rechtsstaatsbegriff beschreibt einen Staat, dessen Ziel die Freiheit und Gerechtigkeit im staatlichen bzw. staatlich beeinflussbaren Bereich ist. Demgegenüber meint der **formelle** Rechtsstaatsbegriff, dass die Machtausübung des Staates durch Gesetz und Recht geregelt und begrenzt ist (Maurer 2014).

2.4.2 Wichtige Einzelausprägungen des Rechtsstaatsprinzips

Der Rechtsstaat basiert auf verschiedenen Grundsätzen, deren wichtigste nachfolgend genannt seien:

Verteilung der Macht im Staat: Der Grundsatz der Gewaltenteilung regelt die Verteilung der Macht im Staat (Degenhart 2014) und bildet damit das tragende **Organisationsprinzip** des Rechtsstaates der Neuzeit für die Ausübung der Macht im Inneren (Bethge/von Coelln 2011; Badura 2015).

Art. 20 Abs. 2 GG beinhaltet die Prinzipien der Volkssouveränität und der Gewaltenteilung:

Art. 20 Abs. 2 GG

„Alle Staatsgewalt geht vom Volke aus. Sie wird vom Volke in Wahlen und Abstimmungen und durch besondere Organe der Gesetzgebung, der vollziehenden Gewalt und der Rechtsprechung ausgeübt."

§§

einzelne Gewalten

Danach sind **drei Gewalten** zu unterscheiden, die untereinander weisungsunabhängig sind (Maurer 2014; Schmidt 2015a):

- **gesetzgebende Gewalt (Legislative):** Organe, die Gesetze verabschieden können, wie zum Beispiel der Bundestag (zum Teil im Zusammenwirken mit dem Bundesrat als Ländervertretung) und die Landtage,
- **vollziehende Gewalt (Exekutive):** verwaltende Organe, wie zum Beispiel Bundesregierung, die Ministerien, die Bundesverwaltung und damit alle Bundesanstalten, aber auch Landesregierungen, Landes-, Kreis- und Gemeindeverwaltungen und
- **rechtsprechende Gewalt (Judikative)** (ausführlich dazu Badura 2015): Gerichte, insbesondere die obersten Gerichte mit ihren Unterbauten (*Instanzenzug*), wie zum Beispiel:
  - Bundesverfassungsgericht (Bundesebene), Verfassungsgerichtshöfe der Länder (Länderebene),
  - Bundesgerichtshof, Oberlandesgerichte, Landgerichte, Amtsgerichte (Zivil- und Strafrecht = sog. *ordentliche Gerichte*),
  - Bundessozialgericht, Landessozialgerichte, Sozialgerichte,
  - Bundesverwaltungsgericht, Verwaltungsgerichtshöfe/Oberverwaltungsgerichte, Verwaltungsgericht sowie
  - Bundesarbeitsgericht, Landesarbeitsgerichte, Arbeitsgerichte.

Gerichtsinstanzen

Bindung an Recht und Gesetz: Alle staatlichen Maßnahmen müssen mit dem höherrangigen Gesetz vereinbar sein. Die öffentliche Verwaltung darf bei ihrem Handeln nicht gegen geltendes Recht, insbesondere gegen die Verfassung und die Gesetze verstoßen (Ipsen 2014a). Funktion und Rolle des Gesetzes kommen in zwei wichtigen Grundsätzen zum Ausdruck, die für den Rechtsstaat prägend sind (Badura 2015):

Vorrang/ Vorbehalt des Gesetzes

- **Gesetzesvorrang:** Kein Handeln **gegen** Gesetz! Das Handeln aller drei Staatsgewalten (Gesetzgebung, Verwaltung, Rechtsprechung) ist an das vorrangige Recht gebunden (Degenhart 2014; Schmidt 2015a).
- **Gesetzesvorbehalt (Art. 103 Abs. 2 GG):** Kein Handeln **ohne** Gesetz (Maurer 2014). Die Ausübung von staatlicher Macht (Zwang) darf nur auf Grundlage eines Gesetzes erfolgen (Degenhart 2014).

Berechenbarkeit staatlichen Handelns: Der Rechtsstaat fordert Rechtssicherheit und Vertrauensschutz für die BürgerInnen (Maurer 2014). Er muss **berechenbar** sein und darf **nicht willkürlich** handeln. Die Adressaten von Normen oder staatlichen Vorgaben müssen die Rechtslage erkennen und sich auf sie verlassen können. Um dies zu erreichen, haben sich Prinzipien herausgebildet, die bei der Anwendung des Rechts zu beachten sind:

Maßstäbe staatlichen Handelns

- **Bestimmtheitsgebot:** BürgerInnen müssen die Rechtslage klar erkennen können und die ausführende Gewalt muss daraus Handlungsmaßstäbe herleiten und diese steuern und begrenzen (Manssen 2015). So müssen z. B. Verwaltungsakte gem. § 33 Abs. 1 SGB X inhaltlich hinreichend bestimmt sein. Das Erfordernis der Bestimmtheit dient vor allem der Rechtsklarheit und -sicherheit (Schmidt 2015a). Betroffene müssen klar, vollständig und eindeutig wissen, was von ihnen verlangt wird (welche Behörde, wer, von wem, was, wann, woraus = Rechtsgrundlage).
- **Rückwirkungsverbot:** Für belastende Maßnahmen des Staates, insbesondere belastende Gesetze und Verwaltungsakte, gilt ein Rückwirkungsverbot (Degenhart 2014), weil der Bürger sich auch zeitlich auf die Regelungen einrichten können muss. Eine solche *Rückwirkung* liegt vor, wenn eine Regelung in einen Sachverhalt eingreift, der bereits begonnen hat und entweder noch andauert (*unechte Rückwirkung*) oder schon abgeschlossen ist (*echte Rückwirkung*) (Bethge/von Coelln 2011).
  Nur zwingende Gründe des Gemeinwohls oder ein nicht mehr vorhandenes schutzwürdiges Vertrauen können eine Ausnahme von dem grundsätzlichen Verbot der Rückwirkung von Regelungen rechtfertigen (Katz 2010; Schmidt 2015a). An einem schutzwürdigen Vertrauen kann es u. a. dann fehlen, wenn
  - der Betroffene zu dem Zeitpunkt, auf den der Eintritt der Rechtsfolgen des Gesetzes bezogen wird, mit der Regelung rechnen musste,
  - das geltende Recht unklar und verworren ist,

- eine nichtige Vorschrift durch eine gültige ersetzt wird,
- die Änderung eine Besserstellung des Betroffenen herbeiführt.

Bedeutung

Verhältnismäßigkeitsgrundsatz: Der Verhältnismäßigkeitsgrundsatz stellt eine der wichtigsten Handlungsmaximen für die Verwaltung dar (Maurer 2014). Maßnahmen dürfen nur getroffen, Handlungen nur gefordert werden etc., wenn dies verhältnismäßig ist (Degenhart 2014). Jedes staatliche Handeln muss danach im Hinblick auf den bei der Anordnung verfolgten gesetzlichen Zweck (legitimer Zweck) erfolgsversprechend sein (Eignung). Ferner muss gerade diese Zwangsmaßnahme zur Erreichung des verfolgten Zwecks erforderlich sein; das ist nicht der Fall, wenn andere, weniger einschneidende Mittel zur Verfügung stehen (Erforderlichkeit). Schließlich muss der jeweilige Eingriff in angemessenem Verhältnis zum verfolgten Zweck stehen (Manssen 2015; Badura 2015; Reinhardt 2014; vgl. zum Strafrecht BVerfGE 96, 44, 51).

Prüfungsschritte

Die **Prüfung der Verhältnismäßigkeit** erfolgt in vier Schritten (Schmidt 2015a):

1 **Legitimer Zweck:** Der vom Gesetzgeber verfolgte Zweck darf nicht rechtswidrig sein.
2 **Geeignetheit:** Geeignet ist die staatliche Maßnahme, wenn mit ihrer Hilfe der angestrebte Zweck zumindest gefördert werden kann.
3 **Erforderlichkeit:** Eine Maßnahme ist erforderlich, wenn der Staat zu keinem anderen Mittel greifen könnte, das bei gleicher Effektivität weniger belastend wirkt.
4 **Angemessenheit** (Verhältnismäßigkeit i. e. S.)**:** Die staatliche Maßnahme ist angemessen, wenn bei einer Gesamtabwägung zwischen der Schwere des Eingriffs und dem Gewicht und der Dringlichkeit der ihn rechtfertigenden Gründe die Grenze der Zumutbarkeit gewahrt bleibt.

Inhalt

Gewährleistung effektiven Rechtsschutzes, Art. 19 Abs. 4 GG: BürgerInnen sind nicht Untertanen, d. h., der Rechtsweg steht bei allen Maßnahmen der öffentlichen Gewalt offen (Ipsen 2014a). Dies umfasst Rechtsschutz innerhalb angemessener Fristen, einstweiligen

Rechtsschutz, die Gewährleistung vollständiger rechtlicher u. tatsächlicher Prüfung und insbesondere

- das Recht auf den gesetzlichen Richter (Art. 101 GG),
- den Anspruch auf rechtliches Gehör (Art. 103 Abs. 1 GG) und
- das Verbot der Mehrfachbestrafung (Art. 103 Abs. 3 GG).

weitere Grundsätze

Aus dem Rechtsstaatsprinzip werden weitere Grundsätze für den effektiven Rechtsschutz und insbesondere auch den Schutz vor ungerechtfertigter Verfolgung hergeleitet:

- Keine Strafe ohne Schuld/Gesetz (lat.: *nulla poena sine culpa/lege*),
- Unschuldsvermutung bis zur Verurteilung,
- Verbot überlanger Strafverfahren und
- Recht auf ein faires Verfahren.

Abbildung 1 zeigt die Staatsprinzipien als Übersicht. In Abbildung 2 sind die Einzelausprägungen des Rechtsstaatsprinzips zusammengefasst.

Staatsprinzipien der Bundesrepublik

Bundesstaatsprinzip, Art. 20 I GG

- Verfassungsrechtliche Grundentscheidung (durch Art. 79 III GG festgesetzt)
- besteht aus mehreren Gliedstaaten (mindestens zwei), kann nach Art. 29 GG (bei Erhalt der Bundesstaatlichkeit) neu gegliedert werden
- Glieder besitzen Staatscharakter, wie der Bund
- Bürger sind zwei Staatsgewalten (Bund/Land) unterworfen
- Bund ist im Rahmen der Kompetenzen dem Land überstellt (bundesfreundliches Verhalten beiderseits als Gebot)
- Tragender Grundsatz: Homogenitätsprinzip (Art. 28 GG): gleiche Grundrechte, gewählte Vertretungen usw. in den Ländern

Sozialstaatsprinzip, Art. 20 I, 28 I1 GG

- Staatsstrukturprinzip, Staatsziel
- nicht unmittelbar gerichtlich geltend zu machendes Recht im Sinne von Leistungsansprüchen (subjektives Recht), gesetzliche Regelung notwendig
- verpflichtet den Staat objektiv auf Gewährung von **sozialer Sicherheit**: Erhalt der Leistung für eine angemessene wirtschaftliche und kulturelle Existenz und **soziale Gerechtigkeit**: Schutz des Schwächeren durch Umverteilung und Daseinsvorsorge.
- Eingriffslegitimation zur Verwirklichung sozialpolitischer Ziele als Rechtfertigung des Eingriffs in Grundrechte

Demokratieprinzip, Art. 20 I, II GG

- Volk ist Träger der Staatsgewalt (Volkssouveränität) 20 II 1 GG,
- Ausübung der Staatsgewalt durch das Volk, Art. 20 II 2 GG
- Unmittelbare Ausübung durch Wahlen, Doppelcharakter des Wählens, Ausübung von Staatsgewalt (Kompetenz) und Gebrauch von Grundrechten (Freiheit): parlamentarische repräsentative Demokratie
- mittelbare Ausübung durch besondere Organe der Gesetzgebung, vollziehenden Gewalt und Rechtsprechung, Art. 38 I S2 GG Repräsentationsprinzip
- Wahrung auch in der europäischen Integration (Art. 23 I 1, 3 GG)

Rechtsstaatsprinzip, Art. 20 III GG

- Grundsatz der Gesetzmäßigkeit (Gesetzesvorrang und Gesetzesvorbehalt)
- weitere rechtsstaatliche Grundsätze (Verhältnismäßigkeitsprinzip, Rechtssicherheit, Bestimmtheit, Widerspruchsfreiheit der Rechtsordnung, Vertrauensschutz, Rückwirkungsverbot)
- Gewährleistung effektiven Rechtsschutzes und rechtlichen Gehörs (Art. 19 IV, 2 I i.V.m. 20 III, 103 I GG)

Republikprinzip, Art. 20 I, 28 I1 GG

- Verbot der der Monarchie

Abb. 1: Staatsprinzipien der Bundesrepublik

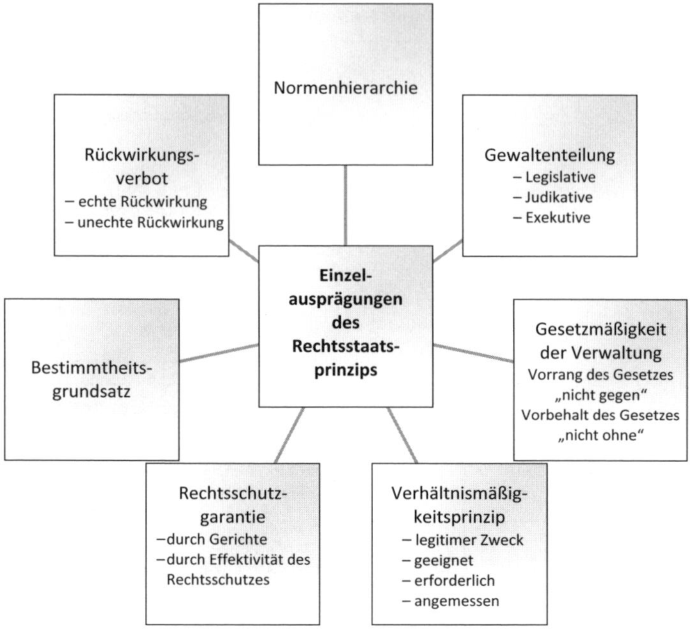

Abb. 2: Normenhierarchie

2.5 Vertiefungen zum Thema Rechtsstaat

In den folgenden Kapiteln befinden sich **drei Vertiefungen**. Sie sollen das Verständnis des Staates, seiner Struktur und Grundidee erleichtern und ein Gefühl und eine Orientierung für das Verhältnis von Staat und Gesellschaft und die Teilhabe der Bürger vermitteln. Wesentliche Grundlage des Rechtsstaats ist eine funktionierende und effektive Gerichtsbarkeit zur Absicherung und Durchsetzung bestehender Rechte, damit befasst sich Vertiefung 1 mit einem Blick auf die Sozial- und die Verwaltungsgerichtsbarkeit. Wie anzuwendende *Regeln* (Gesetze) überhaupt entstehen, zeigt am Beispiel des Bundesrechts Vertiefung 2. In Vertiefung 3 schließlich werden die im Grundgesetz normierten Organe (Bestellung, Aufgabe, Befugnisse) als Grundlage und Beispiel des Zusammenwirkens von Bürgerbeteiligung und Macht skizziert. Die angegebenen Normen ermöglichen jeweils eine Vertiefung der angesprochenen Themen.

2.5.1 Vertiefung 1: Allgemeiner Rechtsschutz, Gerichtsaufbau

Sozialgerichtlicher Rechtschutz (SGG): Der Zugang zu Gerichten ist als Ausdruck des Rechtsstaats im Grundgesetz abgesichert (Art. 20 Abs. 2 S. 2, 92, 95 Abs. 1, 97 Abs. 1 GG).

Zuständigkeit der Sozialgerichte: Die Zuständigkeit der Sozialgerichtsbarkeit (Reinhardt 2014) regelt § 51 Sozialgerichtsgesetz (SGG).

Sozialgerichtsbarkeit

§§

§ 51 Abs. 1, 2 und 3 SGG

„(1) Die Gerichte der Sozialgerichtsbarkeit entscheiden über öffentlich-rechtliche Streitigkeiten
1. in Angelegenheiten der gesetzlichen Rentenversicherung einschließlich der Alterssicherung der Landwirte,
2. in Angelegenheiten der gesetzlichen Krankenversicherung, der sozialen Pflegeversicherung und der privaten Pflegeversicherung (Elftes Buch Sozialgesetzbuch), auch soweit durch diese Angelegenheiten Dritte betroffen werden; dies gilt nicht für Streitigkeiten in Angelegenheiten nach § 110 des Fünften Buches Sozialgesetzbuch aufgrund einer Kündigung von Versorgungsverträgen, die für Hochschulkliniken oder Plankrankenhäuser (§ 108 Nr. 1 und 2 des Fünften Buches Sozialgesetzbuch) gelten,
3. in Angelegenheiten der gesetzlichen Unfallversicherung mit Ausnahme der Streitigkeiten aufgrund der Überwachung der Maßnahmen zur Prävention durch die Träger der gesetzlichen Unfallversicherung,
4. in Angelegenheiten der Arbeitsförderung einschließlich der übrigen Aufgaben der Bundesagentur für Arbeit,
4a. in Angelegenheiten der Grundsicherung für Arbeitsuchende,
5. in sonstigen Angelegenheiten der Sozialversicherung,
6. in Angelegenheiten des sozialen Entschädigungsrechts mit Ausnahme der Streitigkeiten aufgrund der §§ 25 bis 27j des Bundesversorgungsgesetzes (Kriegsopferfürsorge), auch soweit andere Gesetze die entsprechende Anwendung dieser Vorschriften vorsehen,
6a. in Angelegenheiten der Sozialhilfe und des Asylbewerberleistungsgesetzes,

7. bei der Feststellung von Behinderungen und ihrem Grad sowie weiterer gesundheitlicher Merkmale, ferner der Ausstellung, Verlängerung, Berichtigung und Einziehung von Ausweisen nach § 69 des Neunten Buches Sozialgesetzbuch,
8. die aufgrund des Aufwendungsausgleichsgesetzes entstehen,
9. (weggefallen)
10. für die durch Gesetz der Rechtsweg vor diesen Gerichten eröffnet wird.

(2) Die Gerichte der Sozialgerichtsbarkeit entscheiden auch über privatrechtliche Streitigkeiten in Angelegenheiten der gesetzlichen Krankenversicherung, auch soweit durch diese Angelegenheiten Dritte betroffen werden. Satz 1 gilt für die soziale Pflegeversicherung und die private Pflegeversicherung (Elftes Buch Sozialgesetzbuch) entsprechend.

(3) Von der Zuständigkeit der Gerichte der Sozialgerichtsbarkeit nach den Absätzen 1 und 2 ausgenommen sind Streitigkeiten in Verfahren nach dem Gesetz gegen Wettbewerbsbeschränkungen, die Rechtsbeziehungen nach § 69 des Fünften Buches Sozialgesetzbuch betreffen."

Eine Rechtswegeröffnung i. S. d. § 51 Abs. 1 Nr. 10 SGG enthält z. B. § 15 BKGG (Bundeskindergeldgesetz) oder § 13 BEEG (Gesetz zum Elterngeld und zur Elternzeit).

Instanzen

Sozialgerichtlicher Instanzenzug: Die Sozialgerichtsbarkeit ist **dreistufig** ausgestaltet (drei Instanzen). Daneben gibt es die Möglichkeit der Beschwerde und der Anhörungsrüge:

- **Erste Instanz (Sozialgericht):** Sozialgerichte (SG) entscheiden (soweit durch Gesetz nichts anderes bestimmt ist) im ersten Rechtszug über alle Streitigkeiten, für die der Rechtsweg vor den Gerichten der Sozialgerichtsbarkeit zugewiesen ist (§ 8 SGG). Örtlich zuständig ist das Sozialgericht am Wohnsitz des Klägers (§ 57 SGG). Dabei sind Klagefristen zu beachten. Die Fristen für ein Rechtsmittel beginnen jedoch nur bei zutreffender Rechtsbehelfsbelehrung zu laufen (§ 66 Abs. 1 SGG). Bei unterbliebener oder unrichtiger Belehrung verlängert sich die jeweilige Frist auf ein Jahr (§ 66 Abs. 2 SGG). Bei unverschuldeter Fristversäumung kommt unter den Voraussetzungen des § 67 SGG eine Wiedereinsetzung in den vorigen Stand in Betracht mit der Folge, dass die Klage trotz Verspätung ausnahmsweise doch noch zulässig ist.

- **Berufung (Landesssozialgericht):** Landessozialgerichte (LSG) entscheiden im zweiten Rechtszug über die Berufungen gegen Urteile und über Beschwerden gegen andere Entscheidungen der Sozialgerichte (§ 29 SGG). Gegen die Urteile der Sozialgerichte ist die Berufung statthaft, soweit die Beschwerdesumme erreicht oder aber das Rechtsmittel ausdrücklich vom Gericht zugelassen wird (vgl. §§ 143, 144 SGG). Die Einlegung der Berufung erfolgt schriftlich oder zur Niederschrift der Geschäftsstelle beim Landessozialgericht innerhalb eines Monats nach Zustellung des Urteils. Die Einlegung beim Sozialgericht genügt allerdings zur Fristwahrung (§ 151 SGG). Das LSG ist eine volle Tatsacheninstanz, das heißt, es wird nicht nur die Rechtsfrage und Rechtsanwendung durch das Sozialgericht geprüft, sondern auch der Sachverhalt ggf. neu festgestellt z. B. auch mittels einer neuen Beweisaufnahme.
- **Revision (Bundessozialgericht):** Das Bundessozialgericht (BSG) mit Sitz in Kassel (§ 38 Abs. 1 SGG) entscheidet über das Rechtsmittel der Revision sowie im ersten und letzten Rechtszug über Streitigkeiten nichtverfassungsrechtlicher Art zwischen dem Bund und den Ländern sowie zwischen den Ländern (§ 39 SGG). Voraussetzung ist, dass die Revision von dem Gericht, dessen Entscheidung überprüft werden soll, ausdrücklich zugelassen worden ist (vgl. § 160 SGG).
  Ausnahmsweise ist auch eine sog. **Sprungrevision** gegen Urteile des Sozialgerichts, also ohne Berufung vor dem Landessozialgericht, statthaft, jedoch u. a. nur, wenn die Rechtssache grundsätzliche Bedeutung hat oder das Urteil des Sozialgerichts von einer Entscheidung des Bundessozialgerichts, des Gemeinsamen Senats der obersten Gerichtshöfe des Bundes oder des Bundesverfassungsgerichts abweicht und auf dieser Abweichung beruht. Die Sprungrevision muss vom Sozialgericht im Urteil oder auf Antrag durch Beschluss zugelassen worden sein und der Gegner muss zugestimmt haben (vgl. § 161 SGG).
  Die Revision muss schriftlich beim BSG innerhalb eines Monats nach Zustellung des Urteils oder des Beschlusses über die Zulassung der Revision eingelegt werden (§ 164 Abs. 1 S. 1 SGG). Sie ist grundsätzlich eine reine Rechtsinstanz (vgl. § 162, 163 SGG).
- **Beschwerde:** Gegen Entscheidungen der Sozialgerichte, bei denen es sich nicht um Urteile handelt, und gegen Entscheidungen der Vorsitzenden der Sozialgerichte ist die Beschwerde statthaft (§ 172

Abs. 1 SGG). Sie ist schriftlich innerhalb eines Monats nach Bekanntgabe der Entscheidung beim Sozialgericht oder zur Niederschrift des Urkundsbeamten der Geschäftsstelle(§ 173 SGG) einzulegen. Über die Beschwerde entscheidet das LSG durch Beschluss (§ 176 SGG). Eine (weitere) Beschwerde gegen Entscheidungen des LSG ist nicht zulässig (§ 177 SGG).

- **Anhörungsrüge gem. § 178a SGG:** Einen Sonderfall bildet die Anhörungsrüge. Sie ist statthaft, wenn kein Rechtsmittel bzw. Rechtsbehelf mehr gegeben sind und der Anspruch auf rechtliches Gehör in entscheidungserheblicher Weise verletzt worden ist (§ 178a Abs. 1 SGG). Sie ist innerhalb von zwei Wochen nach Kenntnis von der Verletzung des rechtlichen Gehörs schriftlich oder zur Niederschrift bei dem Gericht zu erheben, dessen Entscheidung angegriffen wird (§ 178a Abs. 2 SGG). Ist die Rüge begründet, wird das Verfahren fortgeführt und in die Lage zurückversetzt, in der es sich vor dem Schluss der mündlichen Verhandlung befand. In schriftlichen Verfahren tritt an die Stelle des Schlusses der mündlichen Verhandlung der Zeitpunkt, bis zu dem Schriftsätze eingereicht werden konnten. (§ 178a Abs. 5 SGG).

Verwaltungs-rechtsweg

Verwaltungsgerichtlicher Rechtsschutz (§ 40 Abs. 1 VwGO): Der Verwaltungsrechtsweg vor die Verwaltungsgerichte ist gemäß § 40 VwGO eröffnet, wenn es sich um eine Streitigkeit auf dem Gebiet des öffentlichen Rechts handelt, die nicht verfassungsrechtlicher Art ist (sonst Verfassungsgerichte der Länder und BVerfG) und für die keine andere Gerichtszuweisung ersichtlich ist (z. B. Sozialgericht). Gemäß § 40 Abs. 1 S. 1 VwGO ist somit auch in **allen sonstigen öffentlich-rechtlichen Streitigkeiten** auf dem Gebiet des Sozialrechts der Verwaltungsrechtsweg gegeben (Hufen 2013), z. B. Ausbildungsförderung, § 54 BAföG (Bundesausbildungsförderungsgesetz), Kinder- und Jugendhilfe (SGB VIII – Kinder- und Jugendhilfe), Wohngeld gemäß WoGG (Wohngeldgesetz), Kriegsopferfürsorge (§§ 51 Abs. 1 Nr. 6 SGG i. V. m. 25 ff. BVG Gesetz über die Versorgung der Opfer des Krieges – Bundesversorgungsgesetz), Unterhaltsvorschuss gemäß UnterhVG (Unterhaltsvorschussgesetz).

Der Instanzenzug ist ebenfalls **dreistufig** aufgebaut: Dem Verwaltungsgericht als erster Instanz folgen das Oberverwaltungsgericht in zweiter und schließlich das Bundesverwaltungsgericht als dritte und letzte Instanz.

Widerspruchs-verfahren

Vorverfahren (§§ 68 ff. VwGO, §§ 83 ff. SGG): Grundsätzlich ist Klagen gegen Verwaltungsakte ein förmliches verwaltungsinternes

Widerspruchsverfahren (§§ 68 ff. VwGO, §§ 83 ff. SGG) vorgeschaltet, bei dem es sich noch nicht um ein Gerichtsverfahren handelt und das von dem eigentlichen Klageverfahren zu unterscheiden ist. Die Durchführung dieses Widerspruchsverfahrens ist dann aber Voraussetzung für die Zulässigkeit der Klage vor dem Sozial- oder Verwaltungsgericht.

2.5.2 Vertiefung 2: Gesetzgebungsverfahren

Grundlage allen staatlichen Handelns sind die Gesetze. Wie sie zustande kommen, zeigt Abbildung 3 am Beispiel des Gesetzgebungsverfahrens auf Bundesebene. Aus ihr wird auch die unterschiedlich starke Einbindung der Länder durch die Mitwirkung des Bundesrats, also der Ländervertretung, deutlich. Wirksam werden Gesetze erst mit ihrer Verkündung.

Gesetzesinitiative, Art. 76 Abs. 1 GG

Initiativrecht der Bundesregierung: Kollegialorgan, bestehend aus Bundeskanzlerin und Bundesministern, Art. 62 GG

Initiativrecht „aus der Mitte des Bundestags“: § 76 GOBT: Fraktion (§ 10 GOBT) oder 5 % der Mitglieder des Bundestags

Initiativrecht des Bundesrats: Mehrheitsbeschluss, Art. 52 Abs. 3 oder Abs. 1 GG

↓

Vorverfahren, Art. 76 Abs. 2, 3 GG

Vorlagen der Bundesregierung, Art. 76 Abs. 2 GG: Vorlage an Bundesrat, Art. 76 Asbs. 2 S. 1 GG; nicht bindende Stellungnahme innerhalb von sechs Wochen, Art. 76 Abs. 2 S. 2 GG; Fristverlängerung, Art. 76 Abs. 2 S. 3 GG; Eilbedürftigkeit, Art. 76 Abs. 2 S. 4 GG

Vorlagen „aus der Mitte des Bundestags“: kein Vorverfahren erforderlich

Vorlagen des Bundesrats, Art. 76 Abs. 3 GG: an Bundesregierung, die den Entwurf innerhalb von sechs Wochen an Bundestag vorlegen muss, Art. 76 Abs. 3 S. 1 GG; Bundesregierung gibt eine eigene Stellungnahme ab, Art. 76 Abs. 3 S. 2 GG

⇓

Hauptverfahren, Art. 77 Abs. 1 GG, §§ 78–86 GOBT

Beratung des Entwurfs im Bundestag und in dessen Ausschüssen
Ablauf: grundsätzlich Beratung in drei Lesungen, §§ 78–86 GOBT

Annahme des Entwurfs durch Beschluss des Bundestages
durch Mehrheit der abgegebenen Stimmen, Art. 77 Abs. 1 S. 1, 42 Abs. 2, S. 1 GG (einfache Mehrheit)

⇓

Beteiligung des Bundesrates, Art. 77 Abs. 2–4 GG

Bundesrat kann:

- **Einspruch einlegen:** Gesetz wird verzögert, aber nicht verhindert („aufschiebendes Veto")
- **Zustimmen:** nur, wenn im GG ausdrücklich angeordnet (Enumerationsprinzip), z.B. Art. 74 Abs. 2, 84 Abs. 1 S. 6 GG

Verfahren bei Einspruchsgesetzen:

- Bundesrat kann Vermittlungsausschuss anrufen, Art. 77 Abs. 2 S. 1 GG und Einspruch einlegen, Art. 77 Abs. 3 S. 1 GG
- Bundestag kann den Einspruch durch Beschluss der Mehrheit seiner Mitglieder (absolute Mehrheit, Art. 77 Abs. 4 S. 1, 121 GG) zurückweisen
- bei Vorschlagsänderung durch den Vermittlungsausschuss muss der Bundestag erneut Beschluss fassen, Art. 77 Abs. 2 S. 5 GG

Verfahren bei Zustimmungsgesetzen:

- Bundesrat kann Einberufung des Vermittlungsausschusses verlangen, Art. 77 Abs. 2 S. 1 GG (für Bundestag und Bundesregierung, Art. 77 Abs. 2 S. 4 GG)
- bei Vorschlagsänderung durch Ausschuss muss Bundestag erneut Beschluss fassen, Art. 77 Abs. 2 S. 5 GG
- wenn keine Anrufung des Vermittlungsausschusses oder dortiges Verfahren erfolglos, muss Bundesrat in angemessener Frist Beschluss über Zustimmung fassen, Art. 77 Abs. 2a GG
- Nichtzustimmung kann nicht durch Bundestag ersetzt werden, Art. 78 GG, Gesetz ist dann endgültig gescheitert

⇓

Gegenzeichnung, Ausfertigung und Verkündung, Art. 82 GG

Gegenzeichnung: erfolgt durch Unterschrift des Bundeskanzlers oder/und zuständigen Bundesministers, Art. 58 S. 1 GG, § 29 I GOBReg; Verpflichtung zur Gegenzeichnung mit formellem und materiellem Prüfungsrecht

Ausfertigung: Herstellung der Urschrift durch Unterschrift des Bundespräsidenten auf der Originalurkunde, Art. 82 Abs. 1 S. 1 GG

Verkündung: Veröffentlichung im Bundesgesetzblatt durch den Bundesjustizminister, Art. 82 Abs. 1 S. 1 GG; Voraussetzung für seine Wirksamkeit und damit rechtliche Verbindlichkeit ab Inkrafttreten (zeitlicher Geltungsbereich); Art. 82 Abs. 2 S. 1 GG; im Übrigen gilt Art. 82 Abs. 2 S. 2 GG

Abb. 3: Übersicht über Gesetzgebungsverfahren nach Art. 76ff. GG (Übersicht)

2.5.3 Vertiefung 3: Die Bundesorgane der BRD

Ein Gemeinwesen wird handlungsfähig, indem es sich verschiedene Organe gibt und diese mit den für das Funktionieren der Gemeinschaft notwendigen Aufgaben, z.B. der Gesetzgebung und Regierung, betraut. Aufgrund der föderalen Struktur der Bundesrepublik bedarf es zudem der Berücksichtigung möglicher Interessen der Länder. Sie erfolgt im Bundesrat. Der oberste Repräsentant der Gemeinschaft, der Bundespräsident, und dessen Stellung und Funktion sind ebenfalls zu bestimmen. Die Verfassung der Bundesrepublik Deutschland kennt daher verschiedene Organe mit unterschiedlichen Zuständigkeiten. Welche dies sind und welche Aufgaben genau sie haben, zeigt Abbildung 4.

Bundestag

- Er ist die höchste Vertretung des Volkes, wird als einziges Organ direkt vom Volk gewählt.
- Seine Aufgaben sind: Gesetzentwürfe beraten, Gesetze beschließen, Bundeskanzler wählen, Regierungskontrolle.

Bundesregierung + Bundeskanzler

- Bundeskanzler und Bundesregierung teilen sich die Macht und kontrollieren sich gegenseitig

Bundeskanzler

- Der Bundeskanzler wird vom Bundestag gewählt und vom Bundespräsidenten ernannt.
- Die Amtszeit oder Wahlperiode beträgt vier Jahre.
- Er ist Vorsitzender der Bundesregierung.
- Er schlägt den Kandidaten für den Bundespräsidenten vor.
- Er bestimmt die Richtlinien der Politik und trägt die volle Richtlinienkompetenz.
- Er zeichnet sich verantwortlich für die Politik der Regierung.
- Der Bundeskanzler schlägt die Bundesminister vor, die ebenfalls vom Bundespräsidenten ernannt werden.

Bundesminister / Kabinett = Bundesregierung

- Die Bundesregierung besteht aus dem Bundeskanzler und den Bundesministern.
- Die Anzahl der Bundesministerien liegt im Ermessen des Bundeskanzlers.
- Sie werden vom Bundespräsidenten auf Kanzlervorschlag ernannt oder abberufen.
- Sie sind für ein bestimmtes Ministerium zuständig.
- Innerhalb der Richtlinien leitet jeder Minister sein Ministerium / Ressort selbstständig in eigener Verantwortung.
- Die Regierung berät und beschließt u.a. über alle Gesetzentwürfe und bei Streitfragen zwischen den Ministern.

Der Bundesrat

- Er besteht aus Mitgliedern der 16 Bundesländer: Bundesländer haben eigene Regierungen, Verfassungen, Gesetzgebungen.
- Er ist als Ländervertretung föderatives Organ (Bündnis, Vertrag).
- Er bildet das Gegengewicht zum Bundestag und zur Bundesregierung.
- Er ist das Bindeglied zwischen den Ländern und dem Bund.
- Er ist an der Gesetzgebung beteiligt.
- Er macht Lösungsvorschläge, sucht Kompromisse.
- Länder entsenden je nach Einwohnerzahl drei bis sechs Vertreter in den Bundesrat.
- Die Vertreter der einzelnen Länder werden aus der Landesregierung bestellt und abberufen.
- Jeweils für ein Jahr ist der Ministerpräsident eines Bundeslandes Präsident des Bundesrates, er beruft den Bundesrat ein oder er vertritt den Bundespräsidenten, falls dieser verhindert ist.

⇕

Der Bundespräsident

- Er gilt als eigenständiges Verfassungsorgan mit Sonderstellung.
- Er bekleidet das höchste Staatsamt und vertritt den Bund völkerrechtlich nach innen und außen, schließt im Namen des Bundes mit anderen Staaten Verträge ab.
- Der Bundespräsident wirkt unabhängig, überparteilich und ausgleichend zwischen unterschiedlichen Interessen.
- Er lässt seine Parteizugehörigkeit im Verlauf seiner Amtszeit ruhen.
- Er ruft auf Beschluss des Bundestages den Verteidigungsfall aus.
- Er überprüft, unterzeichnet und verkündet die Bundesgesetze.
- Er trägt im Falle des Gesetzgebungsnotstandes zur Konfliktlösung zwischen Bundesregierung und Bundestag bei.
- Er kann auf Vorschlag den Kanzler ernennen oder entlassen.
- Er ernennt oder entlässt die Bundesminister auf Vorschlag des Kanzlers.
- Er ernennt und entlässt Bundesbeamte, und -offiziere.
- Er hat das Begnadigungsrecht.
- Der Bundespräsident wird von der Bundesversammlung auf fünf Jahre gewählt, nur einmalige Wiederwahl ist möglich.

Das Bundesverfassungsgericht

Aufgaben, Befugnisse und Aufbau des BVerfG sind in den Art. 92, 93, 94, 99 und 100 des Grundgesetzes festgelegt:

- Es ist das oberste Gericht der BRD und zentrales Verfassungsorgan.
- Es wacht über die Einhaltung des Grundgesetzes der BRD.
- Seine Entscheidungen sind unanfechtbar; alle Staatsorgane sind an diese Rechtsprechung gebunden.
- Das Gericht ist aufgeteilt in zwei Senate mit je acht Richtern; Senate sind nochmal in sieben Kammern eingeteilt, Mitglieder des BVerfG dürfen keinem Organ der Legislative und Exekutive des Bundes oder der Länder angehören.
- Die Richter werden von Parteien (Bundestagsfraktionen, Bundesregierung, Länderregierungen) vorgeschlagen zur Hälfte von B-Tag und B-Rat mit Zweidrittelmehrheit (Art. 94 Abs. 1 Satz 2 GG) gewählt. Die Wahl erfolgt immer unmittelbar in einen der beiden Senate (je Senat acht Richter). Jeweils drei der acht Richter kommen aus den obersten Gerichtshöfen des Bundes, sie müssen mindestens 40 Jahre alt sein und benötigen eine volle juristische Ausbildung für eine Amtszeit von zwölf Jahren (maximal bis zum 68. Lebensjahr) (§ 5 BVerfGG).
- Bundestag und Bundesrat wählen Präsident und Vizepräsident (§ 9 BVerfGG).
- Es gibt abstrakte (hier wird die Vereinbarkeit einer Rechtsnorm mit höherrangigem Verfassungsrecht überprüft) und konkrete (Überprüfung auf Vorlage eines deutschen Gerichtes, ob bestimmte Norm im konkreten sachlichen Fall mit Verfassung vereinbar ist) Normenkontrollen.
- Es entscheidet über Verfassungsbeschwerdeverfahren, die sich schwerpunktmäßig u.a. auf die Auslegung der Art. 1 bis 17, 19 GG (Grundrechte) und 101, 103 und 104 GG (justizielle Grundrechte) beziehen.
- Weiter beschäftigt es sich mit Organstreitigkeiten zwischen Bund und Ländern, Parteiverboten und Wahlrechtsbeschwerden.

Abb. 4: Übersicht über die Bundesorgane der BRD

3 Grundrechte

Die Grundrechte sind **Einzelausprägungen des Rechtsstaatsprinzips** nach Art. 20 Abs. 3 GG und unterliegen gemäß Art. 79 Abs. 3 GG der Ewigkeitsgarantie.

Rolle der Grundrechte

Sie gewähren den Begünstigten elementare Rechte. Sie gelten als „Abwehrrechte gegen den Staat" (Schmidt 2015b). Ihnen kommt aber im Rahmen der *mittelbaren Drittwirkung* auch Bedeutung im Verhältnis der Bürger untereinander zu (Maurer 2014). Treffen mehrere sich widersprechende oder gegenseitig einschränkende Grundrechte aufeinander (z.B. Meinungsfreiheit/Würde versus Kritik/Beleidigung), so ist im Rahmen einer Abwägung zu ermitteln, welchem Grundrecht der Vorrang zu gewähren ist. Grundrechte prägen zugleich den Rahmen des Zusammenlebens einer Gesellschaft (z.B. Gleichheit, Glaubensfreiheit, Meinungsfreiheit, Schutz von Ehe und Familie).

3.1 Grundrechtsfähigkeit

Die Grundrechtsfähigkeit beschreibt, wer **Träger** von Grundrechten, d.h. Inhaber bzw. Berechtigter eines Grundrechts sein kann.

Mensch als Träger von Grundrechten

Bei allen als **Menschenrechte** ausgestalteten Grundrechten sind dies *Menschen* (natürliche Personen), unabhängig von Alter und Geschäftsfähigkeit (Ipsen 2014b; zur Geschäftsfähigkeit: Wabnitz 2014). Dies gilt auch für die Zeit nach dem Tod. Es greift dann der in der Menschenwürde verankerte **„postmortale** Persönlichkeitsschutz" (Manssen 2015).

Entscheidung „Mephisto-Urteil" (BVerfGE 30, 173, Beschluss vom 24.02.1971):
Anm. d. Autorin.: Verletzung des Persönlichkeitsrechts (in Abwägung mit der Kunstfreiheit) des im Zeitpunkt der Verletzungshandlung bereits verstorbenen Schauspielers Gustav Gründgens durch den Roman von Klaus Mann.
Aus den Gründen: „Es würde mit dem verfassungsrechtlichen Gebot der Unverletzlichkeit der Menschenwürde, das allen Grundrechten zugrunde liegt, unvereinbar sein, wenn der Mensch, dem Würde

kraft seines Personseins zukommt, in diesem allgemeinen Achtungsanspruch auch nach seinem Tode herabgewürdigt oder erniedrigt werden dürfte. Dementsprechend endet die in Art. 1 Abs. 1 GG aller staatlichen Gewalt auferlegte Verpflichtung, dem Einzelnen Schutz gegen Angriffe auf seine Menschenwürde zu gewähren, nicht mit dem Tode."

Auch der ungeborene Mensch (lat.: *nasciturus*) kann Träger von Grundrechten sein (umstritten). Grundrechte können daher in ihrem objektiven Gehalt als Schutzpflichten des Staates auch das ungeborene Leben schützen (Manssen 2015).

Bestimmte Grundrechte stehen nur allen **Deutschen** gemäß Art. 116 Abs. 1 GG zu (Deutschenrechte).

juristische Personen als Träger von Grundrechten

Juristische Personen des Privatrechts (z. B. GmbH, AG, e. V., aber auch teilrechtsfähige Personengemeinschaften wie z. B. OHG, KG, GBR, nicht rechtsfähiger Verein) können Grundrechtsträger sein, soweit sie unter Art. 19 Abs. 3 GG fallen, d. h., soweit Grundrechte ihrem **Wesen** nach auf sie anwendbar sind (Manssen 2015). Das gilt allerdings nicht, wenn sie öffentliche Aufgaben wahrnehmen (z. B. Sparkassen, Gemeinden). Hierzu gibt es wiederum Ausnahmen. Die wichtigsten sind Universitäten, Art. 5 Abs. 3 S. 1 GG (vgl. BVerfGE 21, 362, 373), Rundfunkanstalten, Art. 5 Abs. 1 S. 2 GG (vgl. BVerfGE 31, 314, 322) und Kirchen, Art. 4, 140 GG (vgl. BVerfGE 42, 312, 322).

Ausländische juristische Personen des Privatrechts sind demgegenüber in Art. 19 Abs. 3 GG nicht genannt. Daher haben sie nur die sog. Justizgrundrechte, Art. 101ff. GG (vgl. BVerfGE 12, 6, 8; 18, 441, 447).

3.2 Grundrechtsmündigkeit

Fähigkeit zur Geltendmachung

Die Fähigkeit natürlicher Personen, Grundrechte **selbstständig geltend** zu machen, wird als Grundrechtsmündigkeit bezeichnet (Manssen 2015).

Bei **Minderjährigen** ist es problematisch, ob sie die Grundrechte ohne oder gegen den Willen ihrer Eltern geltend machen können, da keine gesetzliche Regelung vorhanden ist. Es stellt sich die Frage, ob allein auf die individuelle Einsichts- und Entscheidungsfähigkeit abzustellen ist oder aber auf bestehende gesetzliche Grenzen, wie z. B. das Sorgerecht der Eltern.

3.3 Grundrechtsverzicht

Grenzen der Verzichtsmöglichkeit

Ob ein Grundrechtsverzicht möglich ist, hängt von der **Funktion der Grundrechte** ab. Danach ist ein solcher Verzicht in der Regel nur möglich, wenn das Grundrecht (nur) der Entfaltung der Persönlichkeit dient (Manssen 2015). Ein Verzicht darf jedoch in keinem Fall dem Wortlaut des Grundgesetzes und dem öffentlichen Interesse widersprechen (z. B. bei Art. 2, 12, 14 GG), unzulässig bei Art. 1 Abs. 1 GG (vgl. BVerfG, NJW 2001, 61).

3.4 Grundrechtsverwirkung (Art. 18 GG)

Verwirkung als Ausnahme

Eine Grundrechtsverwirkung, also der Verlust des Rechts, ist als „Ausdruck streitbarer Demokratie" (BVerfGE 28, 36) ausnahmsweise zulässig, wenn **Grundrechte** (nur Art. 5, 8, 9, 10, 14, 16a GG) zum Kampf gegen die freiheitlich demokratische Grundordnung **missbraucht** werden (Manssen 2015).

3.5 Grundrechtsschutz bei Sonderrechtsverhältnissen (Schule, Soldaten, Strafvollzug, Beamte, Anstalten)

Geltung der Grundrechte

Grundrechte sind als Abwehrrecht gegenüber dem Staat konzipiert. Es fragt sich daher, ob bzw. in welchem Umfang sie gelten, wenn ein *besonderes Gewaltverhältnis* vorliegt, aufgrund dessen die Betroffenen in einer **besonderen Nähe zum Staat** stehen. Das Bundesverfassungsgericht hat hierzu im Rahmen der Beurteilung der Situation von Strafgefangenen Maßstäbe entwickelt, die von einer grundsätzlichen Geltung der Grundrechte ausgehen und den Anforderungen des Sonderrechtsverhältnisses Rechnung tragen:

Entscheidung „Strafgefangenenentscheidung" (BVerfGE 33, 1, Beschluss vom 14.03.1972):
Anm. d. Autorin: Bis dahin erfolgte die Einordnung des *besonderen*

Gewaltverhältnisses nur als verwaltungsinterne Angelegenheit und damit gab es keinen Grundrechtsschutz für die Betroffenen.
Leitsätze:
„1. Auch die Grundrechte von Strafgefangenen können nur durch Gesetz oder aufgrund eines Gesetzes eingeschränkt werden.
2. Eingriffe in die Grundrechte von Strafgefangenen, die keine gesetzliche Grundlage haben, müssen jedoch für eine gewisse Übergangsfrist hingenommen werden.
3. Eine Einschränkung der Grundrechte des Strafgefangenen kommt nur in Betracht, wenn sie zur Erreichung eines von der Wertordnung des Grundgesetzes gedeckten gemeinschaftsbezogenen Zweckes unerlässlich ist.
4. Es wird Aufgabe eines Strafvollzugsgesetzes sein, eine Grenze zu ziehen, die sowohl der Meinungsfreiheit des Gefangenen wie den unabdingbaren Erfordernissen eines geordneten und sinnvollen Strafvollzuges angemessen Rechnung trägt."

3.6 Existenz und Verankerung von Grundrechten

Wertentscheidungen des Art. 1 GG

Art. 1 GG regelt drei wesentliche Wertentscheidungen:

1 Das Grundgesetz erhebt die **Würde des Menschen** zum obersten Leitprinzip (Art. 1 Abs. 1 GG).
2 In der Verfassung bekennt sich das deutsche Volk zu den **Menschenrechten** (Art. 1 Abs. 2 GG).
3 Alle Staatsgewalt wird zur **Beachtung der Grundrechte** verpflichtet (Art. 1 Abs. 3 GG).

3.6.1 Artikel 1 GG

Art. 1 GG

„Die Würde des Menschen ist unantastbar. Sie zu achten und zu schützen, ist Verpflichtung aller staatlichen Gewalt."

universales moralisches Prinzip

Art. 1 Abs. 1 GG formuliert das universale moralische Prinzip der Bundesrepublik Deutschland, das im **Mittelpunkt der Verfassung** steht (Ipsen 2014b).

Menschenwürde

Eine allgemeine Definition der Menschenwürde existiert nicht, sie ist vielmehr nach der Rechtsprechung des Bundesverfassungsgerichts einzelfallbezogen zu bestimmen. Grundsätzlich ist die Menschenwürde der **Wert- und Achtungsanspruch**, der dem Menschen kraft seines Menschseins zukommt, unabhängig von seinen Eigenschaften, seinem körperlichen oder geistigen Zustand, seinen Leistungen oder sozialem Status (vgl. BVerfGE 39, 1, 42; 72, 105, 115; 109, 279, 311).

Entscheidung „Urteil zum Luftsicherheitsgesetz" (BVerfG, Urteil vom 15.02.2006, 1 BvR 357/05):
„Das menschliche Leben ist die vitale Basis der Menschenwürde als tragendem Konstitutionsprinzip und oberstem Verfassungswert."

Die Würde kann keinem Menschen genommen werden. Verletzbar ist aber der Achtungsanspruch, der sich aus ihr ergibt.

Entscheidung „Tanz der Teufel" (BVerfGE 87,209, Beschluss vom 20.10.1992):
„Das Tatbestandsmerkmal ‚in einer die Menschenwürde verletzenden Weise' (Herv. i. Orig.) (…) genügt dem Bestimmtheitsgebot, soweit darunter Darstellungen von grausamen oder unmenschlichen Gewalttätigkeiten verstanden werden, die darauf angelegt sind, beim Betrachter eine Einstellung zu erzeugen oder zu verstärken, die den jedem Menschen zukommenden fundamentalen Wert- und Achtungsanspruch leugnet."

Der Achtungsanspruch gilt unabhängig von der voraussichtlichen Dauer des individuellen menschlichen Lebens und dessen Tod.

Entscheidung „Mephisto-Urteil" (BVerfGE 30, 173, Beschluss vom 24.02.1971):
Das Bundesverfassungsgericht hat sich in der Entscheidung u. a. mit den Grenzen der Kunstfreiheit und ihrem Verhältnis zum (auch) postmortalen Persönlichkeitsschutz befasst. Es hat entschieden, dass ein Konflikt zwischen der Kunstfreiheitsgarantie und dem verfassungsrechtlich geschützten Persönlichkeitsbereich nach Maßgabe der grundgesetzlichen Wertordnung zu lösen und hierbei insbesondere die in GG Art. 1 Abs. 1 garantierte Würde des Menschen zu beachten ist.

Die Würde wird insbesondere durch die Grundrechte konkretisiert und ist der **unantastbare Kernbereich** jeden menschlichen Lebens (Ipsen 2014b).

3.6.2 Artikel 1 Absatz 2 und 3 GG

§§

Art. 1 Abs. 2 und 3 GG

„(2) Das Deutsche Volk bekennt sich darum zu unverletzlichen und unveräußerlichen Menschenrechten als Grundlage jeder menschlichen Gemeinschaft, des Friedens und der Gerechtigkeit in der Welt.
(3) Die nachfolgenden Grundrechte binden Gesetzgebung, vollziehende Gewalt und Rechtsprechung als unmittelbar geltendes Recht."

Grundrechte sind unmittelbar geltendes Recht

Gemäß Art. 1 Abs. 3 GG binden die Grundrechte Gesetzgebung, vollziehende Gewalt und Rechtsprechung als unmittelbar geltendes Recht (Pieroth/Schlink et al. 2013). Bei einer Verletzung der ihn schützenden Grundrechte durch die öffentliche Gewalt kann jedermann **Verfassungsbeschwerde** erheben.

Entscheidung „Zwergenweitwurf" (VG Neustadt, NVwZ 1993, 98, Beschluss vom 21.05.1992):
Die Durchführung eines „Zwergenweitwurfs" stellt eine entwürdigende Behandlung kleinwüchsiger Menschen dar. Es wird die Subjektqualität des Menschen verletzt und er wird zum Objekt degradiert. Menschenwürde nach Art. 1 GG als Abwehrrecht gegen staatliche Maßnahmen beinhaltet auch die Menschenwürdegarantie und begründet eine Schutzpflicht des Staates.

Entscheidung „Telefonsex" (BGH, NJW 1998, 2895, Urteil vom 09.06.1998):
Ein Vertrag, der darauf gerichtet ist, durch die Vermarktung und den Vertrieb von Telefonkarten Telefonsex kommerziell zu fördern, ist sittenwidrig.

Entscheidung „Peep-Show" (BVerfGE 64, 274, Urteil vom 15.12.1981, und BVerwGE 84, 314, Urteil vom 30.01.1990):
Eine Peep-Show verstößt gegen die guten Sitten, weil die auftretenden Frauen zu bloßen Objekten voyeurhafter Schaulust der anonym bleibenden Betrachter herabgewürdigt werden. Dadurch wird die in Art. 1 Abs. 1 GG geschützte Menschenwürde der Darsteller verletzt

Entscheidung „Lebenslange Freiheitsstrafe" (BVerfGE 45, 187, Beschluss vom, 21.06.1977 zu Art. 1 Abs. 1 GG, § 211 StGB – Mord):
Die lebenslange Freiheitsstrafe ist verfassungsmäßig, wenn dem Verurteilten nicht nur die Aussicht auf Begnadigung, sondern auch die Möglichkeit einer Strafaussetzung verbleibt. (Hinweis: Im Anschluss an diese Entscheidung wurde dies in § 57a StGB geregelt.)

Entscheidung „Auslieferung eines Verurteilten türkischer Staatsangehörigkeit" (BVerfG, Urteil vom 16.01.2010, 2 BvR 2299/09):
Die Auslieferung zum Zwecke der Strafverfolgung an die Republik Türkei wegen Staatsschutzdelikten bei drohender Verurteilung zu einer sogenannten erschwerten lebenslänglichen Freiheitsstrafe ist unzulässig (Verstoß gegen ordre public). Es fehlen verbindliche völkerrechtliche Mindeststandards. Da der Straftäter keine realistische Aussicht auf Wiedererlangung der Freiheit hat, wird er durch die Auslieferung in seiner Menschenwürde verletzt.

Entscheidung „Auslieferung eines verurteilten US-Staatsbürgers" (BVerfG, Urteil vom 06.07.2005, 2BvR 2259/04):
Die Auslieferung eines Straftäters in die USA bei drohender lebenslanger Haft unter Ausschluss der Möglichkeit der vorzeitigen Entlassung ist zulässig und verletzt den Straftäter nicht in seiner Menschenwürde. Die Bundesrepublik muss fremde Rechtsordnungen achten. Die Gnadenpraxis in den USA ist ausreichend.

Entscheidung „Anspruch des Menschen auf Achtung seiner Würde selbst nach dem Tod" (BVerfGE 30, 173, 194, Beschluss vom 24.02.1971):
Postmortaler Persönlichkeitsschutz und Freiheit der Kunst: Ein Konflikt zwischen der Kunstfreiheitsgarantie und dem verfassungsrechtlich geschützten Persönlichkeitsbereich ist nach Maßgabe der grundgesetzlichen Wertordnung zu lösen; hierbei ist insbesondere die in Art. 1 Abs. 1 GG garantierte Würde des Menschen zu beachten.

3.6.3 Übersicht über die Grundrechte

- Würde des Menschen **(Art. 1 GG)**
- Allgemeine Handlungsfreiheit **(Art. 2 GG)**
- Gleichheitsgrundsatz **(Art. 3 GG)**
- Glaubens-, Gewissens- und Bekenntnisfreiheit **(Art. 4 GG)**
- Meinungsfreiheit **(Art. 5 GG)**
- Ehe, Familie, Kinder **(Art. 6 GG)**
- Schulwesen **(Art. 7 GG)**
- Versammlungsfreiheit **(Art. 8 GG)**
- Vereinigungs- und Koalitionsfreiheit **(Art. 9 GG)**
- Brief-, Post- und Fernmeldegeheimnis **(Art. 10 GG)**
- Freizügigkeit **(Art. 11 GG)**
- Berufsfreiheit **(Art. 12 GG)**
- Wehrdienst- und andere Dienstverpflichtungen **(Art. 12a GG)**
- Unverletzlichkeit der Wohnung **(Art. 13 GG)**
- Eigentum, Erbrecht und Enteignung **(Art. 14 GG)**
- Vergesellschaftung **(Art. 15 GG)**
- Staatsangehörigkeitsentzug/Auslieferung **(Art. 16 GG)**
- Asylrecht **(Art. 16a GG)**
- Petitionsrecht **(Art. 17 GG)**
- Grundrechte – Verwirkung **(Art. 18 GG)**

3.7 Einzelne Grundrechte

Nachfolgend werden einzelne, besonders bedeutsame Grundrechte dargestellt. Dem Wortlaut des Grundgesetzes folgen wichtige Hinweise zu Inhalt und Bedeutung.

Bedeutung und Rolle des Bundesverfassungsgerichts

Der **Regelungsgehalt der Grundrechte** ist nur richtig zu verstehen und einzuordnen, wenn man seine **Konkretisierung durch** das dazu berufene **Bundesverfassungsgericht** hinzunimmt. Die insoweit einschlägigen und wichtigsten Entscheidungen werden genannt und, wo dies zum besseren Verständnis geboten erscheint, auch zitiert. Weiterführende Rechtsprechungsnachweise ermöglichen eine vertiefte Befassung.

3.7.1 Artikel 2 GG

§§

Art. 2 Abs. 1 und 2 GG

„(1) Jeder hat das Recht auf die freie Entfaltung seiner Persönlichkeit, soweit er nicht die Rechte anderer verletzt und nicht gegen die verfassungsmäßige Ordnung oder das Sittengesetz verstößt.
(2) Jeder hat das Recht auf Leben und körperliche Unversehrtheit. Die Freiheit der Person ist unverletzlich. In diese Rechte darf nur auf Grund eines Gesetzes eingegriffen werden."

Begriff der (Handlungs-) Freiheit

Der Begriff der (Handlungs-)Freiheit ist weit zu verstehen. Art. 2 Abs. 1 GG kann nach Ansicht des Bundesverfassungsgerichts mit der *freien Entfaltung der Persönlichkeit* nicht nur die Entfaltung innerhalb jenes Kernbereichs der Persönlichkeit gemeint haben, der das Wesen des Menschen als geistig-sittliche Person ausmacht, da es nicht verständlich wäre, wie die Entfaltung innerhalb dieses Kernbereichs gegen das Sittengesetz (Pieroth/Schlink et al. 2013), die Rechte anderer oder sogar gegen die verfassungsmäßige Ordnung einer freiheitlichen Demokratie sollte verstoßen können. Gerade diese, dem Individuum als Mitglied der Gemeinschaft auferlegten Beschränkungen zeigen vielmehr, dass das Grundgesetz in Art. 2 Abs. 1 GG die **Handlungsfreiheit im umfassenden Sinne** meint (vgl. BVerfGE 6, 32, Urteil vom 16.01.1957; Manssen 2015).

Entscheidung „Bürgschafts-Entscheidung" (BVerfGE 89, 214, Beschluss vom 19.10.1993):
Anm. d. Autorin: Eine geschäftlich unerfahrene junge Frau hatte sich für den Bankkredit ihres Vaters verbürgt, nachdem die Bank ihr versichert hatte, dass sie nur ein geringes Risiko eingehe. Sie war aber durch die Bürgschaft für den Rest ihres Lebens in eine ausweglose Überschuldung geraten. Das BVerfG entschied, dass dieser Vertrag durch die Ausnutzung der geschäftlichen Unerfahrenheit der Frau zu Stande gekommen sei und diese ungewöhnlich hoch belaste. Ein solcher Vertrag sei sittenwidrig und damit nichtig. Aus dem Grundrecht der Handlungsfreiheit gemäß Art. 2 Abs. 1 GG und aus dem Sozialstaatsprinzip folge, dass Verträge nicht als Mittel zur Fremdbestimmung dienen dürfen.
Leitsatz: „Die Zivilgerichte müssen – insbesondere bei der Konkretisierung und Anwendung von Generalklauseln wie § 138 und § 242 BGB – die grundrechtliche Gewährleistung der Privatautonomie in Art. 2 Abs. 1 GG beachten. Daraus ergibt sich ihre Pflicht zur Inhaltskontrolle von Verträgen, die einen der beiden Vertragspartner ungewöhnlich stark belasten und das Ergebnis strukturell ungleicher Verhandlungsstärke sind."

Der Schutzbereich des Art. 2 Abs. 2 GG umfasst auch die **körperliche Fortbewegungsfreiheit** und damit das Recht, jeden beliebigen Ort aufzusuchen bzw. an einem bestimmten Ort nicht bleiben zu müssen, aber auch das Recht, jeden beliebigen Ort zu meiden (Ipsen 2014b).

Schranken Gemäß Art. 2 Abs. 2 S. 2 GG darf in das Grundrecht aus Art. 2 Abs. 2 GG „aufgrund eines Gesetzes" eingegriffen werden. Das Grundrecht steht damit unter einem (einfachen) **Gesetzesvorbehalt** (Manssen 2015). Danach ist ein förmliches Gesetz (Parlamentsgesetz) erforderlich, sofern es sich um mehr als nur geringfügige Eingriffe handelt (Ipsen 2014b).

Eingriffe in die Freiheit der Person sind gemäß Art. 2 Abs. 2 S. 2, 104 Abs. 1 GG nur aufgrund eines förmlichen Gesetzes möglich, d. h. durch eine Norm, die in dem von der Verfassung vorgesehenen Gesetzgebungsverfahren zustande gekommen ist (Pieroth/Schlink et al. 2013).

Entscheidung „Lebenslange Freiheitsstrafe" (BVerfG, Urteil vom 21.07.1977, 1 BvL 14/76, und BVerfGE 45, 187, Urteil vom 21.06.1977):
„Wenn es oberstes Ziel des Strafens ist, die Gesellschaft vor sozialschädlichem Verhalten zu bewahren und die elementaren Werte des Gemeinschaftslebens zu schützen (‚allgemeine Generalprävention'; Herv. i. Orig.), so muß bei der hier erforderlichen Gesamtbetrachtung zunächst von dem Wert des verletzten Rechtsguts und dem Maß der Sozialschädlichkeit der Verletzungshandlung – auch im Vergleich mit anderen unter Strafe gestellten Handlungen – ausgegangen werden. Das Leben jedes einzelnen Menschen gehört zu den höchsten Rechtsgütern. Die Pflicht des Staates, es zu schützen, ergibt sich bereits unmittelbar aus Art. 2 Abs. 2 Satz 1 GG. Sie folgt darüber hinaus aus der ausdrücklichen Vorschrift der Art. 1 Abs. 1 Satz 2 GG."

Entscheidung „Auslieferung eines Verurteilten türkischer Staatsangehörigkeit" (BVerfG, Urteil vom. 16.01.2010, 2 BvR 2299/09; ausführlich dazu im Kap. 3.6.2)

Entscheidung „Auslieferung eines Verurteilten US-Staatsbürgers" (BVerfG, Urteil vom 06.07.2005, 2 BvR 2259/04; ausführlich dazu im Kap. 3.6.2)

3.7.2 Artikel 3 GG

Art. 3 Abs. 1, 2 und 3 GG

„(1) Alle Menschen sind vor dem Gesetz gleich.
(2) Männer und Frauen sind gleichberechtigt. Der Staat fördert die tatsächliche Durchsetzung der Gleichberechtigung von Frauen und Männern und wirkt auf die Beseitigung bestehender Nachteile hin.
(3) Niemand darf wegen seines Geschlechtes, seiner Abstammung, seiner Rasse, seiner Sprache, seiner Heimat und Herkunft, seines Glaubens, seiner religiösen oder politischen Anschauungen benachteiligt oder bevorzugt werden. Niemand darf wegen seiner Behinderung benachteiligt werden."

Willkürverbot Nach dem allgemeinen Gleichheitssatz des Art. 3 Abs. 1 GG sind alle Menschen vor dem Gesetz gleich. Art. 3 Abs. 1 GG gebietet – soweit kein **„sachlicher Grund“** vorliegt (Willkürverbot) – wesentlich Gleiches gleich und wesentlich Ungleiches ungleich zu behandeln (Bethge/von Coelln 2011, 166f.).

Entscheidung „Zum allgemeinen Gleichheitsgrundsatz“ (BVerfG, Urteil vom 23.05.2001, 1 BvR 1392/99):
„Dabei liegt es grundsätzlich in der Zuständigkeit des Gesetzgebers, die Sachverhalte auszuwählen, an die er dieselbe Rechtsfolge knüpft, die er also im Rechtssinne als gleich ansehen will. Der Gesetzgeber muss allerdings seine Auswahl sachgerecht treffen. Was dabei in Anwendung des Gleichheitssatzes sachlich vertretbar oder sachfremd ist, lässt sich nicht abstrakt und allgemein feststellen, sondern stets nur in Bezug auf die Eigenart des konkreten Sachbereichs, der geregelt werden soll (…) Art. 3 Abs. 1 GG ist danach verletzt, wenn die (un)gleiche Behandlung der geregelten Sachverhalte mit Gesetzlichkeiten, die in der Natur der Sache selbst liegen, und mit einer am Gerechtigkeitsgedanken orientierten Betrachtungsweise nicht mehr vereinbar ist, also bezogen auf den jeweils in Rede stehenden Sachbereich und seine Eigenart ein vernünftiger, einleuchtender Grund für die gesetzliche Regelung fehlt (…)“

Entscheidung „Berufsunfallversicherung des Nasciturus“ (BVerfGE 45, 376, Beschluss vom 22.06.1977):
Leitsatz: „Es ist mit Art. 3 Abs. 1 des Grundgesetzes in Verbindung mit dem Sozialstaatsprinzip (Art. 20 Abs. 1 GG) nicht vereinbar, wenn ein Kind, das vor der Geburt durch eine Berufskrankheit seiner unfallversicherten Mutter geschädigt ist, von den Leistungen der gesetzlichen Unfallversicherung ausgeschlossen bleibt.“
Aus den Gründen: „Bei aller im Übrigen bestehenden Ungleichheit zwischen der Mutter und ihrem noch ungeborenen Kind bleibt die Gleichheit der Gefahrenlage, die aus der natürlichen Einheit von Mutter und Kind entsteht, deutlich. Oft kann die Gefahr, der die Mutter bei ihrer Beschäftigung ausgesetzt ist, auch die Leibesfrucht bedrohen. Für die Anwendung des Art. 3 Abs. 1 GG i. V. m. dem Sozialstaatsprinzip ist diese Gleichheit im Hinblick auf den gebotenen Schutz in der gesetzlichen Unfallversicherung so bedeutsam, daß sie bei einer am Gerechtigkeitsgedanken orientierten Betrachtungsweise vom Gesetzgeber beachtet werden muß.“

Lebenspartner und Ehepaare

Zur Gleichstellung von Lebenspartnern und Ehepaaren:

Entscheidung „Verbot der Sukzessivadoption durch den Lebenspartner" (BVerfG, Urteil vom 19.02.2013, 1 BvL 1/11):
Anm. d. Autorin: Verfassungsrechtliche Prüfung, ob das Verbot der sukzessiven Adoption durch den Lebenspartner des zunächst Annehmenden gemäß § 9 Abs. 7 des Lebenspartnerschaftsgesetzes (LPartG) mit dem Grundgesetz vereinbar ist.
Leitsatz: „Indem § 9 Abs. 7 des Lebenspartnerschaftsgesetzes die Möglichkeit der Annahme eines adoptierten Kindes des eingetragenen Lebenspartners durch den anderen Lebenspartner (Sukzessivadoption) verwehrt, wohingegen die Möglichkeit der Annahme eines adoptierten Kindes des Ehepartners und die Möglichkeit der Annahme eines leiblichen Kindes des eingetragenen Lebenspartners (Stiefkindadoption) eröffnet sind, werden sowohl die betroffenen Kinder als auch die betroffenen Lebenspartner in ihrem Recht auf Gleichbehandlung verletzt (Art. 3 Abs. 1 GG)."

Die bisherige Regelung des § 9 Abs. 7 LPartG (Gesetz über die Eingetragene Lebenspartnerschaft) war nach Ansicht des BVerfG, 1 BvL 1/11 vom 19.2.2013, in doppelter Hinsicht verfassungswidrig: Sie benachteilige zum einen adoptierte Kinder in einer Lebenspartnerschaft und die Lebenspartner. Darin lag ein Verstoß gegen Art. 3 Abs. 1 GG. Zum anderen benachteilige sie auch Lebenspartnerschaften gegenüber Ehepaaren. Damit lag ein Verstoß gegen Art. 6 Abs. 1 i.V.m. Art. 3 Abs. 1 GG vor.

Das Bundesverfassungsgericht hat in seinem zuvor zitierten Urteil entschieden, dass das Verbot der sukzessiven Adoption durch Lesben und Schwule mit dem Grundgesetz unvereinbar ist.

Das Grundgesetz schütze in Art. 6 Abs. 1 GG das Familiengrundrecht und damit „auch die aus gleichgeschlechtlichen Lebenspartnern und einem Kind bestehende Gemeinschaft, sofern diese dauerhaft angelegt ist und als umfassende Gemeinschaft gelebt wird" (BVerfG, Urteil vom 19.2.2013, 1 BvL 1/11).

Zur verfassungsgemäßen Umsetzung dieser Entscheidung des Bundesverfassungsgerichts ist am 22.05.2014 ein neues Gesetz in Kraft getreten (BT-Drs. 18/841 und BT-Drs. 18/1285): Ein eingetragener Lebenspartner kann nunmehr ein Kind allein annehmen (§ 1741 Abs. 2 S. 1 BGB, § 9 Abs. 6 LPartG). Der andere Lebenspartner kann das von seinem Lebenspartner zuvor allein angenommene Kind (sukzessiv) adoptieren (§ 9 Abs. 7 S. 2 LPartG-E i. V. m. § 1742 BGB), wobei die erste Adoption sowohl vor als auch während des Bestehens der Lebenspartnerschaft erfolgen kann.

Ein Ehepartner kann das von seinem Ehepartner vor Bestehen der Ehe allein angenommene Kind (vgl. § 1741 Abs. 2 S. 1 BGB) nach Eingehung der Ehe (sukzessiv) adoptieren (§ 1742 BGB). Während des Bestehens der Ehe dürfen Ehepartner ein Kind dagegen nur gemeinschaftlich adoptieren (§ 1741 Abs. 2 S. 2 BGB).

Die gemeinschaftliche Adoption eines Kindes ist nur Ehepartnern (§ 1741 Abs. 2 S. 2 BGB), nicht hingegen eingetragenen Lebenspartnern gestattet. Der Gesetzgeber hat hier zwar erkannt, dass auch diese Regelung gegen Art. 3 GG verstoßen könne. Allerdings sei eine Neuregelung „noch nicht entscheidungsreif" (vgl. BT-Drucksache 18/1494).

Gleichberechtigung von Mann und Frau

Die in Art. 3 Abs. 2 GG vorgegebene Gleichberechtigung von Männern und Frauen ist zwar Aufgabe der Gleichstellungsdurchsetzung (Pieroth/Schlink et al. 2013), eine unterschiedliche Behandlung von Mann und Frau ist jedoch bei **biologischen oder funktionalen Unterschieden** im Hinblick auf das zu regelnde Lebensverhältnis erlaubt bzw. geboten (vgl. BVerfGE 43, 226; Manssen 2015).

Entscheidung „Rentenalterentscheidung" (BVerfG, Urteil vom 28.01.1987, 1 BvR 455/82):
Das BVerfG prüft und bejaht die Verfassungsmäßigkeit des gegenüber Männern vorgezogenen Rentenalters bei Frauen..

Differenzierungsverbote

Art. 3 Abs. 3 GG beinhaltet eine Konkretisierung des allgemeinen Gleichheitssatzes durch Nennung von Differenzierungsverboten. Die aufgeführten **Merkmale** (Geschlecht, Abstammung, Rasse, Sprache, Heimat und Herkunft, Glauben, religiöse oder politische Anschauungen, Behinderung) dürfen nicht für eine Benachteiligung oder Bevorzugung herangezogen werden (Manssen 2015).

Entscheidung „Aufenthaltserlaubnis des Kindes" (BVerfG, Urteil vom 25.10.2005, 2 BvR 524/01):
Anm. d. Autorin: Nach § 21 AuslG in der Fassung vom 09.07.1990 bekamen in Deutschland geborene Kinder einen bindenden Rechtsanspruch auf erstmalige Erteilung einer Aufenthaltserlaubnis nur dann, wenn die Mutter eine Aufenthaltserlaubnis oder Aufenthaltsberechtigung besaß. Ob der Vater ein entsprechendes Aufenthaltsrecht hatte, war unerheblich. Diese unterschiedliche Behandlung von Vater und Mutter bei der Erteilung einer Aufenthaltserlaubnis nach § 21 AuslG (Fassung 09.07.1990) für ihr Kind stellte eine unzulässige Bevorzugung der Mutter wegen des Geschlechts im Sinne des Art. 3 Abs. 3 S. 1 GG dar.
Aus den Gründen: „An das Geschlecht anknüpfende differenzierende Regelungen sind mit Art. 3 Abs. 3 GG nur vereinbar, soweit sie zur Lösung von Problemen, die ihrer Natur nach nur entweder bei Männern oder bei Frauen auftreten können, zwingend erforderlich sind. Fehlt es an zwingenden Gründen für eine Ungleichbehandlung, lässt sich diese nur noch im Wege einer Abwägung mit kollidierendem Verfassungsrecht legitimieren."

3.7.3 Artikel 4 GG

Art. 4 Abs. 1, 2 und 3 GG

„(1) Die Freiheit des Glaubens, des Gewissens und die Freiheit des religiösen und weltanschaulichen Bekenntnisses sind unverletzlich.
(2) Die ungestörte Religionsausübung wird gewährleistet.
(3) Niemand darf gegen sein Gewissen zum Kriegsdienst mit der Waffe gezwungen werden. Das Nähere regelt ein Bundesgesetz."

Inhalt der Glaubensfreiheit

Art. 4 Abs. 1 GG schützt neben der Freiheit des Gewissens die Glaubensfreiheit. Die Entscheidung für oder gegen einen Glauben ist danach Sache des Einzelnen, nicht des Staates (Manssen 2015). Der Staat darf ihm einen Glauben oder eine Religion weder vorschreiben noch verbieten (Ipsen 2014b). Zur Glaubensfreiheit gehört aber nicht nur die Freiheit, einen Glauben zu haben, sondern auch die Freiheit, nach den **eigenen Glaubensüberzeugungen** zu leben und zu handeln (vgl. BVerfGE 32, 98, 106).

Entscheidung „Osho I" – Zur Informationstätigkeit der Bundesregierung im religiös-weltanschaulichen Bereich (BVerfGE 105, 279, Beschluss vom 26.06.2002):
Anm. d. Autorin: Die Kompetenz der Bundesregierung zur Informationstätigkeit im religiös-weltanschaulichen Bereich folgt nach Ansicht des Gerichts aus der Aufgabenerfüllung der Staatsleitung. Hiervon sei auch die Informationsarbeit der Bundesregierung als Ausdruck ihrer gesamtstaatlichen Verantwortung umfasst. Die Bezeichnung als *Sekte*, *Jugendreligion*, *Jugendsekte* und *Psychosekte* sei verfassungsrechtlich in Ordnung. Der Gebrauch dieser Begriffe genüge dem staatlichen Neutralitätsgebot in religiös-weltanschaulichen Fragen. Er berühre schon nicht den Schutzbereich des Art. 4 Abs. 1 und 2 GG. Die Kennzeichnung als *destruktiv* und *pseudoreligiös* sowie der Manipulationsvorwurf genügten den verfassungsrechtlichen Anforderungen dagegen nicht, weil sie als das Neutralitätsgebot verletzende Äußerungen nach dem Verhältnismäßigkeitsgrundsatz nicht gerechtfertigt und diffamierend seien.
Leitsätze:
„1. Das Grundrecht der Religions- und Weltanschauungsfreiheit aus Art. 4 Abs. 1 und 2 GG bietet keinen Schutz dagegen, dass sich der Staat und seine Organe mit den Trägern dieses Grundrechts sowie ihren Zielen und Aktivitäten öffentlich – auch kritisch – auseinander setzen. Diese Auseinandersetzung hat allerdings das Gebot religiös-weltanschaulicher Neutralität des Staates zu wahren und muss daher mit Zurückhaltung geschehen. Diffamierende, diskriminierende oder verfälschende Darstellungen einer religiösen oder weltanschaulichen Gemeinschaft sind dem Staat untersagt.
2. Die Bundesregierung ist aufgrund ihrer Aufgabe der Staatsleitung überall dort zur Informationsarbeit berechtigt, wo ihr eine gesamtstaatliche Verantwortung zukommt, die mit Hilfe von Informationen wahrgenommen werden kann.
3. Für das Informationshandeln der Bundesregierung im Rahmen der Staatsleitung bedarf es über die Zuweisung der Aufgabe der Staatsleitung hinaus auch dann keiner besonderen gesetzlichen Ermächtigung, wenn es zu mittelbar-faktischen Grundrechtsbeeinträchtigungen führt."

Entscheidung „Lehrerin mit Kopftuch" I. (BVerfG, Urteil vom 03.06.2003, 2 BvR 1436/02):
„Das Tragen eines Kopftuchs macht im hier zu beurteilenden Zusammenhang die Zugehörigkeit der Beschwerdeführerin zur islamischen Religionsgemeinschaft und ihre persönliche Identifikation als Muslima deutlich. Die Qualifizierung eines solchen Verhaltens als Eignungsmangel für das Amt einer Lehrerin an Grund- und Hauptschulen greift in das Recht der Beschwerdeführerin auf gleichen Zugang zu jedem öffentlichen Amt aus Art. 33 Abs. 2 GG in Verbindung mit dem ihr durch Art. 4 Abs. 1 und 2 GG gewährleisteten Grundrecht der Glaubensfreiheit ein, ohne dass dafür gegenwärtig die erforderliche, hinreichend bestimmte gesetzliche Grundlage besteht. Damit ist der Beschwerdeführerin der Zugang zu einem öffentlichen Amt in verfassungsrechtlich nicht tragfähiger Weise verwehrt worden."
„Das grundrechtsgleiche Recht des Art. 33 Abs. 2 GG gewährleistet das Maß an Freiheit der Berufswahl (Art. 12 Abs. 1 GG), das angesichts der von der jeweils zuständigen öffentlich-rechtlichen Körperschaft zulässigerweise begrenzten Zahl von Arbeitsplätzen im öffentlichen Dienst möglich ist (vgl. BVerfGE 7, 377, 397f.; 39, 334 369)."

Entscheidung „Lehrerin mit Kopftuch" II. (BVerfG, Beschluss vom 27.01.2015, 1 BvR 471/10 – und – 1 BvR 1181/10):
Leitsätze: „Der Schutz des Grundrechts auf Glaubens- und Bekenntnisfreiheit (Art. 4 Abs. 1 und 2 GG) gewährleistet auch Lehrkräften in der öffentlichen bekenntnisoffenen Gemeinschaftsschule die Freiheit, einem aus religiösen Gründen als verpflichtend verstandenen Bedeckungsgebot zu genügen, wie dies etwa durch das Tragen eines islamischen Kopftuchs der Fall sein kann. Ein landesweites gesetzliches Verbot religiöser Bekundungen (hier: nach § 57 Abs. 4 SchulG NRW) durch das äußere Erscheinungsbild schon wegen der bloß abstrakten Eignung zur Begründung einer Gefahr für den Schulfrieden oder die staatliche Neutralität in einer öffentlichen bekenntnisoffenen Gemeinschaftsschule ist unverhältnismäßig, wenn dieses Verhalten nachvollziehbar auf ein als verpflichtend verstandenes religiöses Gebot zurückzuführen ist. Ein angemessener Ausgleich der verfassungsrechtlich verankerten Positionen – der Glaubensfreiheit der Lehrkräfte, der negativen Glaubens- und Bekenntnisfreiheit der Schülerinnen und Schüler sowie der Eltern, des Elterngrundrechts und des staatlichen Erziehungsauftrags – erfor-

dert eine einschränkende Auslegung der Verbotsnorm, nach der zumindest eine hinreichend konkrete Gefahr für die Schutzgüter vorliegen muss. Wird in bestimmten Schulen oder Schulbezirken aufgrund substantieller Konfliktlagen über das richtige religiöse Verhalten bereichsspezifisch die Schwelle zu einer hinreichend konkreten Gefährdung oder Störung des Schulfriedens oder der staatlichen Neutralität in einer beachtlichen Zahl von Fällen erreicht, kann ein verfassungsrechtlich anzuerkennendes Bedürfnis bestehen, religiöse Bekundungen durch das äußere Erscheinungsbild nicht erst im konkreten Einzelfall, sondern etwa für bestimmte Schulen oder Schulbezirke über eine gewisse Zeit auch allgemeiner zu unterbinden. Werden äußere religiöse Bekundungen durch Pädagoginnen und Pädagogen in der öffentlichen bekenntnisoffenen Gemeinschaftsschule zum Zweck der Wahrung des Schulfriedens und der staatlichen Neutralität gesetzlich untersagt, so muss dies für alle Glaubens- und Weltanschauungsrichtungen grundsätzlich unterschiedslos geschehen."

Entscheidung „Kruzifix-Entscheidung" (BVerfGE 93, 1, Beschluss vom 16.05.1995):
Leitsatz: „Die Anbringung eines Kreuzes oder Kruzifixes in den Unterrichtsräumen einer staatlichen Pflichtschule, die keine Bekenntnisschule ist, verstößt gegen Art. 4 Abs. 1 GG."
Aus den Gründen: „Art. 4 Abs. 1 GG verleiht dem Einzelnen und den religiösen Gemeinschaften aber grundsätzlich keinen Anspruch darauf, ihrer Glaubensüberzeugung mit staatlicher Unterstützung Ausdruck zu verleihen. Aus der Glaubensfreiheit des Art. 4 Abs. 1 GG folgt im Gegenteil der Grundsatz staatlicher Neutralität gegenüber den unterschiedlichen Religionen und Bekenntnissen. Der Staat, in dem Anhänger unterschiedlicher oder gar gegensätzlicher religiöser und weltanschaulicher Überzeugungen zusammenleben, kann die friedliche Koexistenz nur gewährleisten, wenn er selber in Glaubensfragen Neutralität bewahrt."

Entscheidung „Schächterlaubnis für muslimische Metzger" (BVerfG, Urteil vom 15.01.2002, 1 BvR 1783/99; vgl. auch Fallbesprechung bei Manssen 2015):
Leitsatz: „Die Tätigkeit eines nichtdeutschen gläubigen muslimischen Metzgers, der Tiere ohne Betäubung schlachten (schächten) will, um seinen Kunden in Übereinstimmung mit ihrer Glaubensüberzeugung den Genuss von Fleisch geschächteter Tiere zu er-

möglichen, ist verfassungsrechtlich anhand von Art. 2 Abs. 1 in Verbindung mit Art. 4 Abs. 1 und 2 GG zu beurteilen. Im Lichte dieser Verfassungsnormen ist § 4 a Abs. 1 in Verbindung mit Abs. 2 Nr. 2 Alternative 2 des Tierschutzgesetzes so auszulegen, dass muslimische Metzger eine Ausnahmegenehmigung für das Schächten erhalten können."

3.7.4 Artikel 5 GG

Art. 5 Abs. 1, 2 und 3 GG

„(1) Jeder hat das Recht, seine Meinung in Wort, Schrift und Bild frei zu äußern und zu verbreiten und sich aus allgemein zugänglichen Quellen ungehindert zu unterrichten. Die Pressefreiheit und die Freiheit der Berichterstattung durch Rundfunk und Film werden gewährleistet. Eine Zensur findet nicht statt.
(2) Diese Rechte finden ihre Schranken in den Vorschriften der allgemeinen Gesetze, den gesetzlichen Bestimmungen zum Schutze der Jugend und in dem Recht der persönlichen Ehre.
(3) Kunst und Wissenschaft, Forschung und Lehre sind frei. Die Freiheit der Lehre entbindet nicht von der Treue zur Verfassung."

Inhalt der Meinungsfreiheit

Art. 5 Abs. 1 S. 1 Alt. 1 GG schützt die Meinungsfreiheit, d. h. das Recht, seine **Meinung** in Wort, Schrift und Bild frei zu äußern (Manssen 2015). Eine Meinungsäußerung ist jede wertende Stellungnahme unabhängig davon, ob die Wertung *richtig* oder *falsch* ist (Ipsen 2014b).

Entscheidung „Rudolf Heß Gedenkfeier" (BVerfG, Beschluss vom 04.11.2009, 1 BvR 2150/08):
Leitsatz: „Angesichts des sich allgemeinen Kategorien entziehenden Unrechts und des Schreckens, den die nationalsozialistische Herrschaft über Europa und weite Teile der Welt gebracht hat, und der als Gegenentwurf hierzu verstandenen Entstehung der Bundesrepublik Deutschland ist Art. 5 Abs. 1 und 2 GG für Bestimmungen, die der propagandistischen Gutheißung der nationalsozialistischen Gewalt- und Willkürherrschaft Grenzen setzen, eine Ausnahme

vom Verbot des Sonderrechts für meinungsbezogene Gesetze immanent. Die Offenheit des Art. 5 Abs. 1 und 2 GG für derartige Sonderbestimmungen nimmt den materiellen Gehalt der Meinungsfreiheit nicht zurück. Das Grundgesetz rechtfertigt kein allgemeines Verbot der Verbreitung rechtsradikalen oder auch nationalsozialistischen Gedankenguts schon in Bezug auf die geistige Wirkung seines Inhalts."

Entscheidung „Lüth-Urteil" – Film-Boykottaufruf (BVerfGE 7, 198, Urteil vom 15.01.1968):
„Für die Demokratie ist das Grundrecht auf freie Meinungsäußerung „schlechthin konstituierend, denn es ermöglicht erst die ständige geistige Auseinandersetzung, den Kampf der Meinungen, der ihr Lebenselement ist."

Tatsachenbehauptungen: Dies sind demgegenüber Äußerungen, die dem Beweis zugänglich sind. Sie sind nur geschützt, wenn sie erweislich wahr sind (Pieroth/Schlink et al. 2013).

Schmähkritik: Sie ist zwar in der Regel eine Meinungsäußerung, nach der engen Definition des BVerfG jedoch eine besonders gravierende Ehrverletzung, bei der noch nicht einmal eine Abwägung mit der Meinungsfreiheit stattfinde, sondern die Meinungsfreiheit absolut verdrängt werde (vgl. BVerfG, Beschluss vom 12.05.2009 – 1 BvR 2272/04).

Entscheidung „Durchgeknallter Staatsanwalt" (BVerfG, Urteil vom 12.05.2009, 1 BvR 2272/04):
Anm. d. Autorin: Die Bezeichnung „durchgeknallt" ist keine Schmähkritik. Ein Mitherausgeber der Wochenzeitung Die Zeit hatte sich in einer Talk-Show über die damals in den Medien viel beachtete Drogenaffäre des Moderators Michel Friedman geäußert. In diesem Kontext bezeichnete er den damals ermittelnden Staatsanwalt als „durchgeknallt". Wegen dieser Äußerung hatte ihn das Amtsgericht Tiergarten wegen Beleidigung zu einer Geldstrafe von 9.000 Euro verurteilt. Das Gericht hatte das Urteil damit begründet, dass hier eine sog. Schmähkritik vorliege. Das BVerfG hat die Entscheidung aufgehoben. Sie verletzte das Grundrecht des Mitherausgebers der Zeit auf Meinungsfreiheit aus Art. 5 Abs. 1 S. 1 GG.

Die Bezeichnung „durchgeknallt" sei hier keine unzulässige Schmähkritik. Vielmehr müsse die Diffamierung der Person im Vordergrund stehen, was hier nicht der Fall sei.
Aus den Gründen: „Die Bezeichnung als ‚durchgeknallt' weist auch nicht einen derart schwerwiegenden diffamierenden Gehalt auf, dass der Ausdruck in jedem denkbaren Sachzusammenhang als bloße Herabsetzung des Betroffenen erschiene und daher unabhängig von seinem konkreten Kontext stets als persönlich diffamierende Schmähung aufgefasst werden müsste, wie dies bei der Verwendung besonders schwerwiegender Schimpfwörter – etwa aus der Fäkalsprache – der Fall sein kann. (Herv. i. Orig.)"

Entscheidung „Denkzettel" (BVerfG, Urteil vom 24.07.2013, 1 BvR 444/13, 1 BvR 527/13):
Anm. d. Autorin: Zum Kernbereich der Meinungsfreiheit gehört auch das Recht, Maßnahmen der öffentlichen Gewalt ohne Furcht vor staatlichen Sanktionen scharf kritisieren zu können. Dies umfasst das Recht auf *polemische Zuspitzung*.
Aus den Gründen: „Bei der Frage, ob eine Äußerung ihrem Schwerpunkt nach als Meinungsäußerung oder als Tatsachenbehauptung anzusehen ist, kommt es entscheidend auf den Gesamtkontext der fraglichen Äußerung an. Die isolierte Betrachtung eines umstrittenen Äußerungsteils wird den Anforderungen an eine zuverlässige Sinnermittlung regelmäßig nicht gerecht (vgl. BVerfGE 93, 266). Auch ist im Einzelfall eine Trennung der tatsächlichen und der wertenden Bestandteile einer Äußerung nur zulässig, wenn dadurch ihr Sinn nicht verfälscht wird. Wo dies nicht möglich ist, muss die Äußerung im Interesse eines wirksamen Grundrechtsschutzes insgesamt als Meinungsäußerung angesehen werden, weil andernfalls eine wesentliche Verkürzung des Grundrechtsschutzes drohte (vgl. BVerfGE 61, 1; 90, 241)."

Entscheidung „Dummschwätzer" (BVerfG, Urteil vom 05.12.2008, 1 BvR 1318/07):
Anm. d. Autorin: Das BVerfG räumt der Meinungsfreiheit zunehmend den Vorrang ein, sodass Ehre und Persönlichkeitsrecht eines Einzelnen immer weiter zurücktreten.
Aus den Gründen: „Zwar handelt es sich (...) bei dem Begriff ‚Dummschwätzer' um eine Ehrverletzung, nicht aber um ein solche, die ihrem Bedeutungsgehalt nach unabhängig von seinem Verwendungskontext die mit ihm bezeichnete Person stets als ganze herab-

setzt, ihr also ihren personalen Wert insgesamt abspricht und sie so vom Prozess der freien Kommunikation ausschließt. Vielmehr knüpft der Begriff seiner Bedeutung nach an ein Verhalten des Betroffenen an, nämlich dessen verbale Äußerungen. Dies schließt es zwar nicht von vornherein aus, in der Beschimpfung eines anderen als ‚Dummschwätzer' im Einzelfall gleichwohl eine Schmähkritik zu sehen, etwa wenn ohne sachlichen Anlass ausgedrückt werden soll, dass es sich bei dem Betroffenen um einen Menschen handele, der ausschließlich Dummheiten zu äußern in der Lage sei und daher als Teilnehmer an einer sachlichen verbalen Auseinandersetzung von vornherein ausscheide. Anders liegt der Fall aber, wenn sich das Schimpfwort nur als die sprachlich pointierte Bewertung im Kontext einer bestimmten Aussage des Betroffenen darstellt, wenn also der Gemeinte als ‚Dummschwätzer' tituliert wird, weil er nach Auffassung des Äußernden (im Rahmen einer Sachauseinandersetzung) dumme Aussagen getroffen hat. Welche der beiden Verwendungsweisen vorliegt, hängt aber gerade von den Umständen des Einzelfalles ab. (Herv. i. Orig.)"

Informationsfreiheit

Die Informationsfreiheit gem. Art. 5 Abs. 1 S. 1 Alt. 2 GG gewährt das Recht, sich aus allgemein zugänglichen Quellen **ungehindert zu unterrichten** (Manssen 2015).

Presse- und Medienfreiheit

Die Presse- und Medienfreiheit gem. Art. 5 Abs. 1 S. 2 Alt. 1 GG schützt den **gesamten Vorgang Medienarbeit** von der Recherche bis zur Verbreitung der Inhalte (z. B. Online, Print) (Manssen 2015).

Entscheidung „Spiegel Affäre 1962" – Durchsuchung der Redaktionsräume (BVerfGE 20, 162, Teilurteil vom 05.06.1968):
„Die in Art. 5 GG gesicherte Eigenständigkeit der Presse reicht von der Beschaffung der Information bis zur Verbreitung der Nachrichten und Meinungen (BVerfGE 10, 118; 12, 205). Deshalb gehört zur Pressefreiheit auch ein gewisser Schutz des Vertrauensverhältnisses zwischen Presse und privaten Informanten. Er ist unentbehrlich, da die Presse auf private Mitteilungen nicht verzichten kann, diese Informationsquelle aber nur dann ergiebig fließt, wenn sich der Informant grundsätzlich darauf verlassen kann, daß das ‚Redaktionsgeheimnis' gewahrt bleibt. (Herv. i. Orig.)"

Rundfunkfreiheit

Die Freiheit der **Rundfunkberichterstattung** gem. Art. 5 Abs. 1 S. 2 Alt. 2 GG schützt jede an eine unbestimmte Vielzahl von Personen gerichtete, drahtlose oder drahtgebundene Übermittlung von Gedankeninhalten durch physikalische Wellen. Auch hier ist der gesamte Vorgang von der Recherche bis zur Ausstrahlung geschützt (Manssen 2015). Auch öffentlich-rechtliche Rundfunkanstalten sind geschützt, da sie *grundrechtsdienende* Funktion haben.

Die Freiheit der Filmberichtserstattung ist gem. Art. 5 Abs. 1 S. 2 Alt. 3 GG geschützt (Manssen 2015).

Entscheidung „Lebach-Fall" (BVerfGE 35, 202, Beschluss vom 05.06.1973):
„Für die aktuelle Berichterstattung über schwere Straftaten verdient das Informationsinteresse der Öffentlichkeit im Allgemeinen den Vorrang vor dem Persönlichkeitsschutz des Straftäters. Jedoch ist neben der Rücksicht auf den unantastbaren innersten Lebensbereich der Grundsatz der Verhältnismäßigkeit zu beachten; danach ist eine Namensnennung, Abbildung oder sonstige Identifikation des Täters nicht immer zulässig. (…) Der verfassungsrechtliche Schutz der Persönlichkeit läßt es jedoch nicht zu, daß das Fernsehen sich über die aktuelle Berichterstattung hinaus etwa in Form eines Dokumentarspiels zeitlich unbeschränkt mit der Person eines Straftäters und seiner Privatsphäre befaßt."

3.7.5 Artikel 6 GG

Art. 6 Abs. 1, 2, 3, 4 und 5 GG

„(1) Ehe und Familie stehen unter dem besonderen Schutze der staatlichen Ordnung.
(2) Pflege und Erziehung der Kinder sind das natürliche Recht der Eltern und die zuvörderst ihnen obliegende Pflicht. Über ihre Betätigung wacht die staatliche Gemeinschaft.
(3) Gegen den Willen der Erziehungsberechtigten dürfen Kinder nur auf Grund eines Gesetzes von der Familie getrennt werden, wenn die Erziehungsberechtigten versagen oder wenn die Kinder aus anderen Gründen zu verwahrlosen drohen.

> (4) Jede Mutter hat Anspruch auf den Schutz und die Fürsorge der Gemeinschaft.
> (5) Den unehelichen Kindern sind durch die Gesetzgebung die gleichen Bedingungen für ihre leibliche und seelische Entwicklung und ihre Stellung in der Gesellschaft zu schaffen wie den ehelichen Kindern."

Ehe und Familie

Art. 6 Abs. 1 GG schützt Ehe und Familie. Dies umfasst die **Freiheit**, eine **Ehe** (Ipsen 2014b) mit einem selbst gewählten Partner **zu schließen** (vgl. BVerfGE 31, 58, 67; 76, 1, 42; 105, 313).

Zur **Ehe** gehört, dass sie „die Vereinigung eines **Mannes mit einer Frau** zu einer auf Dauer angelegten Lebensgemeinschaft ist, begründet auf freiem Entschluss unter Mitwirkung des Staates" (vgl. BVerfGE 10, 59, 66; 29, 166, 176; 62, 323, 330), „in der Mann und Frau in **gleichberechtigter Partnerschaft** zueinander stehen (vgl. BVerfGE 37, 217, 249ff.; 103, 89, 101) und über die Ausgestaltung ihres Zusammenlebens frei entscheiden können (vgl. BVerfGE 39, 169,183; 48, 327,338; 66, 84,94)".

Von diesem Schutz werden somit das Institut der eingetragenen **Lebenspartnerschaft** und die **nichteheliche Lebensgemeinschaft nicht erfasst** (vgl. BVerfGE 105, 313, 345). Diese sind vielmehr durch Art. 2 Abs. 1 und Art. 3 Abs. 1 und 3 GG geschützt.

Familie ist nach dem BVerfG „die umfassende Gemeinschaft von Kindern und Eltern" (BVerfGE 10, 596; 24, 119). Voraussetzung ist aber, dass diese Gemeinschaft von der staatlichen Rechtsordnung als Gemeinschaft von Eltern und Kindern anerkannt wird (BVerfGE 80, 81). Den Schutz des Art. 6 Abs. 1 GG genießen daher auch die **Adoptiv- und die Pflegefamilie** (BVerfGE 68, 176) sowie die Gemeinschaft von Ehepartnern mit Stiefkindern (BVerfGE 79, 256).

Aber auch eine **eingetragene Lebenspartnerschaft** ist eine „taugliche Grundlage einer Familie" und eine rechtlich verbindliche Lebensform (BVerfG, Beschluss vom 7.5.2013, 2 BvR 909/06, Entscheidung zum Ehegattensplitting). Leben eingetragene Lebenspartner mit dem **leiblichen oder angenommenen Kind** eines Lebenspartners in sozial-familiärer Gemeinschaft, bilden sie mit diesem eine durch Art. 6 Abs. 1 GG geschützte Familie im Sinne des Grundgesetzes (vgl. BVerfG, Beschluss vom 19.2.2013, 1 BvL 1/11, Entscheidung zur Sukzessivadoption).

Eltern

Art. 6 Abs. 2 GG verankert das Elternrecht in der Verfassung (Manssen 2015). Das Bundesverfassungsgericht hat ausgeführt, dass in **Art. 6 Abs. 2 S. 1 GG** Recht und Pflicht von vornherein unlöslich miteinander verbunden sind; die Pflicht ist nicht eine das Recht begrenzende Schranke, sondern ein wesensbestimmender Bestandteil dieses Elternrechts, das insoweit treffender als **Elternverantwortung** bezeichnet werden kann. Art. 6 Abs. 2 S. 1 GG schützt danach die freie Entscheidung der Eltern darüber, wie sie dieser natürlichen Verantwortung gerecht werden wollen; er schützt nicht diejenigen Eltern, die sich dieser Verantwortung entziehen. Aber das Elternrecht ist von vornherein durch die Verwirklichung der Kinderrechte begrenzt (BVerfGE 24, 119, 143).

Zwei **Personen gleichen Geschlechts**, die gesetzlich als Elternteile eines Kindes anerkannt sind, sind auch im verfassungsrechtlichen Sinne Eltern (Art. 6 Abs. 2 S. 1 GG; vgl. BVerfG, Entscheidung vom 19.02.2013, 1 BvL 1/11; Pieroth/Schlink et al. 2013).

Besondere Bedeutung für den Bereich der Sozialen Arbeit kommt im Hinblick die Aufgabe des Staates im Verhältnis zu den Eltern Art. 6 Abs. 2 S. 2 GG zu. Er regelt das **Wächteramt des Staates** (Manssen 2015).

Entscheidung „Wächteramt des Staates" (BVerfGE 24, 119, Beschluss vom 29.06.1968):
„Wenn Eltern (…) versagen, greift das Wächteramt des Staates nach Art. 6 Abs. 2 Satz 2 GG ein; der Staat ist nicht nur berechtigt, sondern auch verpflichtet, die Pflege und Erziehung des Kindes sicherzustellen. Diese Verpflichtung des Staates folgt nicht allein aus dem legitimen Interesse der staatlichen Gemeinschaft an der Erziehung des Nachwuchses, aus sozialstaatlichen Erwägungen oder etwa aus allgemeinen Gesichtspunkten der öffentlichen Ordnung; sie ergibt sich in erster Linie daraus, dass das Kind als Grundrechtsträger selbst Anspruch auf den Schutz des Staates hat. Das Kind ist ein Wesen mit eigener Menschenwürde und dem eigenen Recht auf Entfaltung seiner Persönlichkeit im Sinne der Art. 1 Abs. 1 und Art. 2 Abs. 1 GG. Eine Verfassung, welche die Würde des Menschen in den Mittelpunkt ihres Wertesystems stellt, kann bei der Ordnung zwischenmenschlicher Beziehungen grundsätzlich niemandem Rechte an der Person eines anderen einräumen, die nicht zugleich pflichtgebunden sind und die Menschenwürde des anderen respektieren. Die Aner-

kennung der Elternverantwortung und der damit verbundenen Rechte findet daher ihre Rechtfertigung darin, dass das Kind des Schutzes und der Hilfe bedarf, um sich zu einer eigenverantwortlichen Persönlichkeit innerhalb der sozialen Gemeinschaft zu entwickeln, wie sie dem Menschenbild des Grundgesetzes entspricht. (…) Hier muss der Staat wachen und notfalls das Kind, das sich noch nicht selbst zu schützen vermag, davor bewahren, dass seine Entwicklung durch den Missbrauch der elterlichen Rechte oder eine Vernachlässigung Schaden leidet. In diesem Sinne bildet das Wohl des Kindes den Richtpunkt für den Auftrag des Staates gemäß Art. 6 Abs. 2 S. 2 GG. (…) Dies bedeutet nicht, dass jedes Versagen oder jede Nachlässigkeit den Staat berechtigt, die Eltern von der Pflege und Erziehung auszuschalten oder gar selbst diese Aufgabe zu übernehmen; vielmehr muss er stets dem grundsätzlichen Vorrang der Eltern Rechnung tragen. Zudem gilt auch hier der Grundsatz der Verhältnismäßigkeit. Art und Ausmaß des Eingriffs bestimmen sich nach dem Ausmaß des Versagens der Eltern und danach, was im Interesse des Kindes geboten ist. Der Staat muss daher nach Möglichkeit zunächst versuchen, durch helfende, unterstützende, auf Herstellung oder Wiederherstellung eines verantwortungsgerechten Verhaltens der natürlichen Eltern gerichtete Maßnahmen sein Ziel zu erreichen. Er ist aber nicht darauf beschränkt, sondern kann, wenn solche Maßnahmen nicht genügen, den Eltern die Erziehungs- und Pflegerechte vorübergehend und sogar dauernd entziehen; in diesen Fällen muss er zugleich positiv die Lebensbedingungen für ein gesundes Aufwachsen des Kindes schaffen (…)"

Eine **Trennung des Kindes von den Eltern** ist gemäß Art. 6 Abs. 3 GG nur unter den engen dort genannten Voraussetzungen zulässig (Manssen 2015).

Entscheidung „Adoption" (BVerfGE 24, 119, Beschluss vom 29.07.1968):

„Art. 6 Abs. 3 GG betrifft Eingriffe, die eine Trennung der Kinder von den Eltern zugunsten der Begründung eines staatlichen Erziehungseinflusses wegen elterlichen Erziehungsversagens zum Ziel haben. (…) ‚Trennung von der Familie' i. S. d. Art. 6 Abs. 3 GG bedeutet die tatsächliche Trennung bei grundsätzlichem Fortbestand der Eltern-Kind-Beziehung und der darauf beruhenden Rechte und

Pflichten. Diese aus dem Wortlaut und Sinn gewonnene Auslegung wird durch die Entstehungsgeschichte unterstützt. (...) [Art. 6 Abs. 3, d. Verf.] gewährt ein Abwehrrecht gegen staatliche Maßnahmen, die ohne gesetzliche Grundlage und ohne Vorliegen bestimmter Voraussetzungen Kinder von ihrer Familie trennen, und begründet zugleich einen Vorbehalt für den Gesetzgeber, unter diesen Voraussetzungen die Trennung zuzulassen. (Herv. i. Orig.)"

Entscheidung „Regelung des Umgangsrechts durch das Vormundschaftsgericht" (BVerfGE 31, 194, Beschluss vom 26.09.2006):
„[Art. 6 Abs. 3, d. Verf.] ist in der Grundtendenz durch die Erfahrungen der nationalsozialistischen Zeit motiviert und wendet sich gegen die ‚Wegnahme' der Kinder von ihren Eltern zum Zweck einer staatlichen, in totalitären Staaten üblichen Zwangserziehung; sie hat partielle Eingriffe des Staates bei grundsätzlichem Fortbestand des Eltern-Kind-Verhältnisses zum Gegenstand. (Herv. i. Orig.)"

Art. 6 Abs. 4 GG gewährt der **Mutter** besonderen Schutz.

Entscheidung „Verfassungsmäßigkeit der Nichtberücksichtigung der Mutterschutzzeiten bei der Berechnung der Anwartschaftszeiten in der Arbeitslosenversicherung" (BVerfGE 60, 68, Beschluss vom 10.02.1982):
„Art. 6 Abs. 4 GG (...) enthält den bindenden Auftrag an den Gesetzgeber (...), jeder Mutter Schutz und Fürsorge der Gemeinschaft angedeihen zu lassen. (...) Das Schutzgebot aus Art. 6 Abs. 4 GG hat – auch – das Ziel und die Tendenz, den Gesetzgeber zu verpflichten, wirtschaftliche Belastungen der Mütter, die im Zusammenhang mit ihrer Schwangerschaft und Mutterschaft stehen, auszugleichen. Insoweit schützt Art. 6 Abs. 4 GG die Mutter in vergleichbarer Weise wie Art. 6 Abs. 1 GG die Ehe und Familie (vgl. BVerfGE). Das gilt auch für das Gebiet der Sozialversicherung (vgl. BVerfGE 48, 346, 366; 55, 114, 127)."

Entscheidung „Mutterschutz" (BVerfGE 85, 360, Beschluss vom 10.03.1992):
„Art. 6 Abs. 4 GG (...) schützt berufstätige Frauen vor dem Verlust ihres Arbeitsplatzes während der Schwangerschaft und nach der Entbindung (vgl. BVerfGE 32, 273, 277)."

Art. 6 Abs. 5 GG schützt **uneheliche Kinder**. Er enthält einen bindenden Auftrag an den Gesetzgeber und verbietet jede – auch mittelbare – Benachteiligung wegen unehelicher Geburt.

Entscheidung „Schutz nichtehelicher Kinder" (BVerfGE 85, 80, Beschluss vom 05.11.1991):
„Art. 6 Abs. 5 GG verpflichtet den Gesetzgeber, durch positive Maßnahmen nichtehelichen Kindern die gleichen Bedingungen für ihre leibliche und seelische Entwicklung und ihre Stellung in der Gesellschaft zu schaffen wie ehelichen Kindern. Gleichzeitig setzt die Verfassungsnorm als besondere Ausprägung des allgemeinen Gleichheitssatzes und Schutznorm zugunsten nichtehelicher Kinder der gesetzgeberischen Gestaltungsfreiheit Grenzen (vgl. BVerfGE 74, 33, 38 m. w. N.) (...) Der Gesetzgeber darf sich mit einer Annäherung der Stellung des nichtehelichen Kindes an die des ehelichen Kindes nicht zufrieden geben. (...) Das Ziel – die Schaffung wirklich gleicher Bedingungen – ist ihm vielmehr im Grundgesetz verbindlich vorgegeben (vgl. BVerfGE 58, 377, 389 m. w. N.)."

3.7.6 Artikel 7 GG

Rolle des Staates im Schulwesen

Art. 7 regelt und schützt das Schulwesen (Manssen 2015). Er begründet insoweit die **Aufsicht über alle Schulen**, auch Privatschulen (Manssen 2015), und regelt die Befugnis des Staates, *selbst* Schulen zu unterhalten. Art. 7 Abs. 2 GG gewährleistet die Privatschulfreiheit (Ipsen 2014b; Pieroth/Schlink et al. 2013).

Entscheidung „Zum Sexualkundeunterricht" (BVerfGE 47, 46, Beschluss vom 21.12.1977):
„Art. 7 Abs. 1 GG statuierte Schulaufsicht des Staates jedenfalls die Befugnis zur Planung und Organisation des Schulwesens mit dem Ziel, ein Schulsystem zu gewährleisten, das allen jungen Bürgern gemäß ihren Fähigkeiten die dem heutigen gesellschaftlichen Leben entsprechenden Bildungsmöglichkeiten eröffnet. Zu diesem staatlichen Gestaltungsbereich gehört nicht nur die organisatorische Gliederung der Schule, sondern auch die inhaltliche Festlegung der Ausbildungsgänge und der Unterrichtsziele. Der Staat kann daher in der

Schule grundsätzlich unabhängig von den Eltern eigene Erziehungsziele verfolgen. Der allgemeine Auftrag der Schule zur Bildung und Erziehung der Kinder ist dem Elternrecht nicht nach-, sondern gleichgeordnet. Weder dem Elternrecht noch dem Erziehungsauftrag des Staates kommt ein absoluter Vorrang zu. Entgegen einer mitunter im Schrifttum vertretenen Auffassung ist der Lehr- und Erziehungsauftrag der Schule auch nicht darauf beschränkt, nur Wissensstoff zu vermitteln. Dieser Auftrag des Staates, den Art. 7 Abs. 1 GG voraussetzt, hat vielmehr auch zum Inhalt, das einzelne Kind zu einem selbstverantwortlichen Mitglied der Gesellschaft heranzubilden. Die Aufgaben der Schule liegen daher auch auf erzieherischem Gebiet. Zwar spricht – wie oben dargelegt wurde – vieles dafür, daß der geeignete Platz für die individuelle Sexualerziehung das Elternhaus ist. Auf der anderen Seite muß aber auch berücksichtigt werden, daß die Sexualität vielfache gesellschaftliche Bezüge aufweist. Sexualverhalten ist ein Teil des Allgemeinverhaltens. Daher kann dem Staat nicht verwehrt sein, Sexualerziehung als wichtigen Bestandteil der Gesamterziehung des jungen Menschen zu betrachten. Dazu gehört es auch, die Kinder vor sexuellen Gefahren zu warnen und zu bewahren" (vgl. BVerfGE 47, 46, 99).

Entscheidung „Zur Pflichtteilnahme am Sportunterricht" (BVerwG, Urteil vom 25.08.1993, 6 C 8/91):
„Führt ein vom Staat aufgrund seines Bildungs- und Erziehungsauftrags aus Art. 7 Abs. 2 GG im Rahmen der allgemeinen Schulpflicht angebotener koedukativ erteilter Sportunterricht für eine zwölfjährige Schülerin islamischen Glaubens im Hinblick auf die Bekleidungsvorschriften des Korans, die sie als für sie verbindlich ansieht, zu einem Gewissenskonflikt, so folgt für sie aus Art. 4 Abs. 1 und 2 GG ein Anspruch auf Befreiung vom Sportunterricht, solange dieser nicht nach Geschlechtern getrennt angeboten wird."

3.7.7 Artikel 8 GG

§§

Art. 8 Abs. 1 und 2 GG

„(1) Alle Deutschen haben das Recht, sich ohne Anmeldung oder Erlaubnis friedlich und ohne Waffen zu versammeln.
(2) Für Versammlungen unter freiem Himmel kann dieses Recht durch Gesetz oder auf Grund eines Gesetzes beschränkt werden."

Begriff der Versammlung

Das Grundrecht der **Versammlungsfreiheit** schützt öffentliche und nichtöffentliche Versammlungen mehrerer Personen mit gewisser innerer Verbindung, wenn der Zweck der Zusammenkunft die gemeinsame **Meinungsbetätigung** ist (Ipsen 2014b; Manssen 2015).

Rein unterhaltende oder kommerzielle Veranstaltungen sind keine Versammlung, da die gemeinsame Meinungsbetätigung und die innerliche Verbindung fehlen; die „Fuckparade" und die „Love Parade" sind daher nicht als Versammlungen anzusehen und unterliegen nicht dem Schutz des Art. 8 GG (vgl. BVerfG, NJW 2001, 2459).

Schutzumfang

Der Schutz dieses Grundrechts beschränkt sich nicht allein auf die Teilnahme an einer bestehenden Versammlung, sondern umfasst auch den **gesamten Vorgang des Sich-Versammelns**. Dazu zählt etwa der Zugang zu einer bevorstehenden oder sich bildenden Versammlung (vgl. BVerfGE 84, 203, 209 „Republikaner"). Anderenfalls liefe die Versammlungsfreiheit Gefahr, durch staatliche Maßnahmen im Vorfeld der Grundrechtsausübung ausgehöhlt zu werden (vgl. BVerfGE 69, 315, 349 „Brokdorf-Entscheidung").

Er umfasst auch die Bestimmung von Ort, Zeit, Art und Thema der Veranstaltung. Geschützt sind nicht allein Veranstaltungen, bei denen Meinungen in verbaler Form kundgegeben oder ausgetauscht werden, sondern auch solche, bei denen die Teilnehmer ihre Meinung auf andere Art und Weise zum Ausdruck bringen (vgl. BVerfGE 69, 315, 343).

Das Grundrecht der Versammlungsfreiheit schützt dabei nicht nur solche Teilnehmer vor staatlichen Eingriffen, die die Ziele der Versammlung oder die dort vertretenen Meinungen billigen, sondern kommt ebenso denjenigen zugute, die ihnen *kritisch oder ablehnend* gegenüberstehen und dies in der Versammlung zum Ausdruck bringen wollen. (BVerfGE 84, 203, 209).

Der Schutz durch Art. 8 GG entfällt allerdings bei Verhinderungsabsicht (Manssen 2015).

Entscheidung „Versammlungsstörer" (BVerfGE 84, 203, Beschluss vom 11.06.1991):
„Der Schutz des Art. 8 GG erstreckt sich nicht auf Personen, die nicht die Absicht haben, an einer Versammlung teilzunehmen, sondern diese verhindern wollen."

Geschützt sind nur **friedliche Versammlungen ohne Waffen** i. S. d. § 1 WaffG und ohne gefährliche Werkzeuge und sonstige Gewalt (Pieroth/Schlink et al. 2013).

Entscheidung „Versammlungsauflösung" (BVerfGE 87, 399, Beschluss vom 01.12.1992):
„Auch Sitzblockaden genießen den Schutz der Versammlungsfreiheit. Sie erfüllen unabhängig davon, ob sie als Anwendung von Gewalt im Sinn von § 240 StGB anzusehen sind, nicht den Tatbestand der Unfriedlichkeit im Sinn von Art. 8 Abs. 1 GG, der sie dem Schutzbereich dieses Grundrechts entziehen würde. Unfriedlich ist eine Versammlung vielmehr erst, wenn Handlungen von einiger Gefährlichkeit wie etwa Gewalttätigkeiten oder aggressive Ausschreitungen gegen Personen oder Sachen stattfinden, nicht schon, wenn es zu Behinderungen Dritter kommt, seien diese auch gewollt und nicht nur in Kauf genommen" (vgl. BVerfGE 73, 206, 248).

Entscheidung „Mutlangen: Sitzblockadeentscheidung I" (BVerfGE 73, 206, Urteil vom 11.11.1986):
Es kann (wegen Stimmengleichheit der entscheidenden Richter) nicht festgestellt werden, dass das aus Art. 103 Abs. 2 GG herleitbare Analogieverbot verletzt wird, wenn Gerichte die Gewaltalternative des § 240 StGB (Nötigung) auf Sitzdemonstrationen erstrecken. § 240 StGB ist jedoch in dem Sinne verfassungskonform auszulegen und anzuwenden, dass die Bejahung nötigender Gewalt im Falle einer Erstreckung dieses Begriffs auf solche Sitzdemonstrationen nicht schon zugleich die Rechtswidrigkeit der Tat indiziert.

Entscheidung „Sitzblockadeentscheidung II" (BVerfGE 92, 1, Beschluss vom 10.01.1995):
Die Ausweitung des Gewaltbegriffs im Rahmen der Nötigungsstrafbarkeit auf psychisch vermittelte Gewalt verstößt gegen den Bestimmtheitsgrundsatz des Art. 103 GG. Damit ist entgegen der Sitzblockadeentscheidung I des BVerfG die bloße Verhinderung des Weiterfahrens durch die Sitzblockade nicht mehr tatbestandsmäßig im Sinne des § 240 StGB.

Die weite Auslegung des Gewaltbegriffs durch die Rechtsprechung und Literatur in § 240 Abs. 1 StGB im Zusammenhang mit Sitzdemonstrationen (Sitzblockade als passive bzw. psychische Gewalt) verstößt nach Ansicht des BVerfG gegen das Bestimmtheitsgebot nach Art. 103 Abs. 2 GG und ist daher verfassungswidrig.

3.7.8 Artikel 12 GG

§§

Art. 12 Abs. 1, 2 und 3 GG

„(1) Alle Deutschen haben das Recht, Beruf, Arbeitsplatz und Ausbildungsstätte frei zu wählen. Die Berufsausübung kann durch Gesetz oder auf Grund eines Gesetzes geregelt werden.
(2) Niemand darf zu einer bestimmten Arbeit gezwungen werden, außer im Rahmen einer herkömmlichen allgemeinen, für alle gleichen öffentlichen Dienstleistungspflicht.
(3) Zwangsarbeit ist nur bei einer gerichtlich angeordneten Freiheitsentziehung zulässig."

Begriff des Berufs

Art. 12 GG schützt die Berufsfreiheit. Vom Schutzbereich umfasst ist jede **erlaubte Tätigkeit** von einer gewissen **Dauer** in selbstständiger und in unselbstständiger Form (Manssen 2015), die der Schaffung oder Erhaltung der **Lebensgrundlage** dient (vgl. BVerfGE 68, 281).

Art. 12 Abs. 1 S. 1 GG gewährleistet auch die Freiheit, überhaupt keinen Beruf zu ergreifen und auszuüben (vgl. BVerfGE 58, S. 358, 364).

Geschützt sind auch Tätigkeiten, welche dem Staat vorbehalten sind.

In den Schutzbereich fallen die **Berufsausübung** und die **Berufswahl**. Eingriffe in den Schutzbereich sind zulässig, stehen aber unter Gesetzesvorbehalt (Art. 12 Abs. 1 S. 2 GG). Eingriffe liegen vor bei Regelungen, die unmittelbar das *Ob* oder *Wie* des Berufes regeln, wenn sie also eine berufsregelnde Tendenz aufweisen (Manssen 2015).

Zulässigkeit des Eingriffs

Die Prüfung der Zulässigkeit eines Eingriffs in die Berufsfreiheit erfolgt nach der **Drei-Stufen-Theorie**. Bei ihr handelt es sich letztlich um einen Anwendungsfall des Verhältnismäßigkeitsgrundsatzes (geeignet, erforderlich, angemessen). Der Gesetzgeber muss Einschränkungen der Berufsfreiheit auf der Stufe vornehmen, die den geringsten Eingriff in Art. 12 Abs. 1 GG mit sich bringt, und darf die nächste Stufe erst dann betreten, wenn mit hoher Wahrscheinlichkeit dargetan werden kann, dass die befürchteten Gefahren mit Mitteln der vorausgehenden Stufe nicht wirksam bekämpft werden können. Je einschneidender der Eingriff in die Berufsfreiheit ist, desto höher sind somit die Anforderungen an die Dringlichkeit und das öffentliche Interesse zur Rechtfertigung solcher Eingriffe (Bethge/von Coelln 2011; Pieroth/Schlink et al. 2013).

Drei-Stufen-Theorie

Im Einzelnen sind danach die folgenden drei Stufen zu unterscheiden (vgl. Drei-Stufen-Lehre im „Apothekenurteil" BVerfGE 7, 377):

1. Stufe: Sie betrifft **Berufsausübungsregelungen** (das *Wie*), die gerechtfertigt sind, wenn vernünftige Erwägungen des Allgemeinwohls die Regelung zweckmäßig erscheinen lassen.

2. Stufe: Sie betrifft **subjektive Berufswahlregelungen** (das *Ob*), die gerechtfertigt sind, wenn sie dem Schutz wichtiger Gemeinschaftsgüter dienen.

3. Stufe: Sie betrifft **objektive Berufswahlregelungen** (das *Ob*), die gerechtfertigt sind, wenn sie dem Schutz überragend wichtiger Gemeinschaftsgüter gegen nachweisbare oder höchstwahrscheinlich schwere Gefahren dienen.

Entscheidung „Apothekenurteil" (BVerfGE 7, 377, Urteil vom 11.06.1958):
Leitsätze:
„1. In Art. 12 Abs. 1 GG wird nicht die Gewerbefreiheit als objektives Prinzip der Gesellschafts- und Wirtschaftsordnung proklamiert,

sondern dem Einzelnen das Grundrecht gewährleistet, jede erlaubt Tätigkeit als Beruf zu ergreifen, auch wenn sie nicht einem traditionell oder rechtlich fixierten ‚Berufsbild' entspricht.
2. Der Begriff ‚Beruf' in Art. 12 Abs. 1 GG umfaßt grundsätzlich auch Berufe, die Tätigkeiten zum Inhalt haben, welche dem Staate vorbehalten sind, sowie ‚staatlich gebundene' Berufe. Doch gibt und ermöglicht für Berufe, die ‚öffentlicher Dienst' sind, Art. 33 GG in weitem Umfang Sonderregelungen.
3. Wenn eine Tätigkeit in selbständiger und in unselbständiger Form ausgeübt werden kann und beide Formen der Ausübung eigenes soziales Gewicht haben, so ist auch die Wahl der einen oder anderen Form der Berufstätigkeit und der Übergang von der einen zur anderen eine Berufswahl im Sinne des Art. 12 Abs. 1 GG.
4. Inhalt und Umfang der Regelungsbefugnis des Gesetzgebers nach Art. 12 Abs. 1 Satz 2 GG lassen sich schon durch eine Auslegung, die dem Sinn des Grundrechts und seiner Bedeutung im sozialen Leben Rechnung trägt, weitgehend sachgemäß bestimmen; es bedarf dann nicht des Rückgriffs auf die Schranke des Wesensgehalts (Art. 19 Abs. 2 GG).
5. Die Regelungsbefugnis nach Art. 12 Abs. 1 Satz 2 GG erstreckt sich auf Berufsausübung und Berufswahl, aber nicht auf beide in gleicher Intensität. sie ist um der Berufsausübung willen gegeben und darf nur unter diesem Blickpunkt allenfalls auch in die Freiheit der Berufswahl eingreifen. Inhaltlich ist sie umso freier, je mehr sie reine Ausübungsregelung ist, umso enger begrenzt, je mehr sie auch die Berufswahl berührt.
6. Das Grundrecht soll die Freiheit des Individuums schützen, der Regelungsvorbehalt ausreichenden Schutz der Gemeinschaftsinteressen sicherstellen. Aus der Notwendigkeit, beiden Forderungen gerecht zu werden, ergibt sich für das Eingreifen des Gesetzgebers ein Gebot der Differenzierung etwa nach folgenden Grundsätzen:
a) Die Freiheit der Berufsausübung kann beschränkt werden, soweit vernünftige Erwägungen des Gemeinwohls es zweckmäßig erscheinen lassen; der Grundrechtsschutz beschränkt sich auf die Abwehr in sich verfassungswidriger, weil etwa übermäßig belastender und nicht zumutbarer Auflagen.
b) Die Freiheit der Berufswahl darf nur eingeschränkt werden, soweit der Schutz besonders wichtiger Gemeinschaftsgüter es zwingend erfordert. Ist ein solcher Eingriff unumgänglich, so muß der Gesetzgeber stets diejenige Form des Eingriffs wählen, die das Grundrecht am wenigsten beschränkt.

c) Wird in die Freiheit der Berufswahl durch Aufstellung bestimmter Voraussetzungen für die Aufnahme des Berufs eingegriffen, so ist zwischen subjektiven und objektiven Voraussetzungen zu unterscheiden: für die subjektiven Voraussetzungen (insbesondere Vor- und Ausbildung) gilt das Prinzip der Verhältnismäßigkeit in dem Sinn, daß sie zu dem angestrebten Zweck der ordnungsmäßigen Erfüllung der Berufstätigkeit nicht außer Verhältnis stehen dürfen. An den Nachweis der Notwendigkeit objektiver Zulassungsvoraussetzungen sind besonders strenge Anforderungen zu stellen; im allgemeinen wird nur die Abwehr nachweisbar oder höchstwahrscheinlicher schwerer Gefahren für ein überragend wichtiges Gemeinschaftsgut diese Maßnahme rechtfertigen können.
d) Regelungen nach Art. 12 Abs. 1 Satz 2 GG müssen stets auf der ‚Stufe' vorgenommen werden, die den geringsten Eingriff in die Freiheit der Berufswahl mit sich bringt; die nächste ‚Stufe' darf der Gesetzgeber erst dann betreten, wenn mit hoher Wahrscheinlichkeit dargetan werden kann, daß die befürchteten Gefahren mit (verfassungsmäßigen) Mitteln der vorausgehenden ‚Stufe' nicht wirksam bekämpft werden können.
7. Das Bundesverfassungsgericht hat zu prüfen, ob der Gesetzgeber die sich hiernach ergebenden Beschränkungen seiner Regelungsbefugnis beachtet hat; wenn die freie Berufswahl durch objektive Zulassungsvoraussetzungen eingeschränkt wird, kann es auch prüfen, ob gerade dieser Eingriff zum Schutz eines überragenden Gemeinschaftsguts zwingend geboten ist.
8. Auf dem Gebiete des Apothekenrechts entspricht der Verfassungslage gegenwärtig allein die Niederlassungsfreiheit, verstanden als das Fehlen objektiver Beschränkungen der Zulassung."

Entscheidung „Rauchverbot in Gaststätten" (BVerfG, Beschluss vom 30.07.2008, 1 BvR 3262/07):
Leitsätze:
„1. Entscheidet sich der Gesetzgeber aufgrund des ihm zukommenden Einschätzungs-, Wertungs- und Gestaltungsspielraums für ein Konzept des Nichtraucherschutzes in Gaststätten, das den Gesundheitsschutz im Ausgleich insbesondere mit der Berufsfreiheit der Gaststättenbetreiber verfolgt, so müssen Ausnahmen vom Rauchverbot derart gestaltet sein, dass sie auch bestimmte Gruppen von Gaststätten – hier: die getränkegeprägte Kleingastronomie – miterfassen, um bei diesen besonders starke wirtschaftliche Belastungen zu vermeiden.

2. Es stellt einen gleichheitswidrigen Begünstigungsausschluss dar, wenn gesetzlich in Gaststätten zugelassene Raucherräume in Diskotheken untersagt sind."

Aus den Gründen: „Die Freiheit der Berufsausübung wird durch Art. 12 Abs. 1 GG umfassend geschützt (vgl. BVerfGE 85, 248, 256). Der Schutz erstreckt sich auch auf das Recht, Art und Qualität der am Markt angebotenen Güter und Leistungen selbst festzulegen (vgl. BVerfGE 106, 275, 299) und damit den Kreis der angesprochenen Interessenten selbst auszuwählen. Unter diesem Gesichtspunkt beeinträchtigt das Rauchverbot die freie Berufsausübung der Gastwirte."

3.7.9 Artikel 13 GG

§§

Art. 13 Abs. 1, 2, 3, 4, 5, 6, und 7 GG

„(1) Die Wohnung ist unverletzlich.
(2) Durchsuchungen dürfen nur durch den Richter, bei Gefahr im Verzuge auch durch die in den Gesetzen vorgesehenen anderen Organe angeordnet und nur in der dort vorgeschriebenen Form durchgeführt werden.
(3) Begründen bestimmte Tatsachen den Verdacht, daß jemand eine durch Gesetz einzeln bestimmte besonders schwere Straftat begangen hat, so dürfen zur Verfolgung der Tat auf Grund richterlicher Anordnung technische Mittel zur akustischen Überwachung von Wohnungen, in denen der Beschuldigte sich vermutlich aufhält, eingesetzt werden, wenn die Erforschung des Sachverhalts auf andere Weise unverhältnismäßig erschwert oder aussichtslos wäre. Die Maßnahme ist zu befristen. Die Anordnung erfolgt durch einen mit drei Richtern besetzten Spruchkörper. Bei Gefahr im Verzuge kann sie auch durch einen einzelnen Richter getroffen werden.
(4) Zur Abwehr dringender Gefahren für die öffentliche Sicherheit, insbesondere einer gemeinen Gefahr oder einer Lebensgefahr, dürfen technische Mittel zur Überwachung von Wohnungen nur auf Grund richterlicher Anordnung eingesetzt werden. Bei Gefahr im Verzuge kann die Maßnahme auch durch eine andere gesetzlich bestimmte Stelle angeordnet werden; eine richterliche Entscheidung ist unverzüglich nachzuholen.

(5) Sind technische Mittel ausschließlich zum Schutze der bei einem Einsatz in Wohnungen tätigen Personen vorgesehen, kann die Maßnahme durch eine gesetzlich bestimmte Stelle angeordnet werden. Eine anderweitige Verwertung der hierbei erlangten Erkenntnisse ist nur zum Zwecke der Strafverfolgung oder der Gefahrenabwehr und nur zulässig, wenn zuvor die Rechtmäßigkeit der Maßnahme richterlich festgestellt ist; bei Gefahr im Verzuge ist die richterliche Entscheidung unverzüglich nachzuholen.
(6) Die Bundesregierung unterrichtet den Bundestag jährlich über den nach Absatz 3 sowie über den im Zuständigkeitsbereich des Bundes nach Absatz 4 und, soweit richterlich überprüfungsbedürftig, nach Absatz 5 erfolgten Einsatz technischer Mittel. Ein vom Bundestag gewähltes Gremium übt auf der Grundlage dieses Berichts die parlamentarische Kontrolle aus. Die Länder gewährleisten eine gleichwertige parlamentarische Kontrolle.
(7) Eingriffe und Beschränkungen dürfen im Übrigen nur zur Abwehr einer gemeinen Gefahr oder einer Lebensgefahr für einzelne Personen, auf Grund eines Gesetzes auch zur Verhütung dringender Gefahren für die öffentliche Sicherheit und Ordnung, insbesondere zur Behebung der Raumnot, zur Bekämpfung von Seuchengefahr oder zum Schutze gefährdeter Jugendlicher vorgenommen werden."

Unverletzlichkeit der Wohnung

Art. 13 Abs. 1 GG garantiert die Unverletzlichkeit der Wohnung. Sinn der Garantie ist die **Abschirmung der Privatsphäre** in räumlicher Hinsicht (Ipsen 2014b). Damit wird dem Einzelnen zur freien Entfaltung der Persönlichkeit ein elementarer Lebensraum gewährleistet. In seinen Wohnräumen hat er das Recht, in Ruhe gelassen zu werden (vgl. BVerfGE 27, 1, 6; BVerfGE 51, 97, 107 und BVerfGE 44, 353).

Im Interesse eines wirksamen Schutzes hat das Bundesverfassungsgericht den Begriff der Wohnung weit ausgelegt (Pieroth/Schlink et al. 2013). Er umfasst auch **Arbeits-, Betriebs- und Geschäftsräume** (vgl. BVerfGE 32, 54; 44, 353, 371; 76, 83, 88).

Eingriff

In diese grundrechtlich geschützte Lebenssphäre greift eine **Durchsuchung** schwerwiegend ein (vgl. BVerfGE 44, 353ff.). Das Gewicht des Eingriffs verlangt daher als Durchsuchungsvoraussetzung Verdachtsgründe, die über vage Anhaltspunkte und bloße Vermutungen hinausreichen. Ein Verstoß gegen diese Anforderung liegt vor, wenn sich sachlich zureichende plausible Gründe für eine Durchsuchung nicht mehr finden lassen (vgl. BVerfGE 44, 353; 59, 95). Es ist zu verlangen, dass ein dem Beschuldigten angelastetes Verhalten geschildert wird, das den Tatbestand eines Strafgesetzes erfüllt (vgl. BVerfGE 44, 353). Die Durchsuchung bedarf vor allem einer Rechtfertigung nach dem Grundsatz der Verhältnismäßigkeit (Manssen 2015). Sie muss im Blick auf den bei der Anordnung verfolgten gesetzlichen Zweck erfolgversprechend sein. Ferner muss gerade diese Zwangsmaßnahme zur Ermittlung und Verfolgung der vorgeworfenen Tat erforderlich sein; das ist nicht der Fall, wenn andere, weniger einschneidende Mittel zur Verfügung stehen. Schließlich muss der jeweilige Eingriff in angemessenem Verhältnis zu der Schwere der Tat und der Stärke des Tatverdachts stehen (vgl. BVerfGE 96, 44, 51).

3.7.10 Artikel 14 GG

Art. 14 Abs. 1, 2 und 3 GG

„(1) Das Eigentum und das Erbrecht werden gewährleistet. Inhalt und Schranken werden durch die Gesetze bestimmt.
(2) Eigentum verpflichtet. Sein Gebrauch soll zugleich dem Wohle der Allgemeinheit dienen.
(3) Eine Enteignung ist nur zum Wohle der Allgemeinheit zulässig. Sie darf nur durch Gesetz oder auf Grund eines Gesetzes erfolgen, das Art und Ausmaß der Entschädigung regelt. Die Entschädigung ist unter gerechter Abwägung der Interessen der Allgemeinheit und der Beteiligten zu bestimmen. Wegen der Höhe der Entschädigung steht im Streitfalle der Rechtsweg vor den ordentlichen Gerichten offen."

Begriff des Eigentums

Eigentum sind alle dem Einzelnen im Sinne eines **Ausschließlichkeitsrechts** zugeordneten Positionen, z. B. Eigentum an beweglichen und unbeweglichen Sachen i. S. d. BGB (vgl. § 903 BGB) und dingliche Rechte, z. B. Hypotheken, Grundschulden, Pfandrechte, Patent-, Urheber- und Warenzeichenrechte (Manssen 2015).

Art. 14 GG schützt auch den Bestand des konkreten (Wohn-)Eigentums auch in dessen gewachsenen Bezügen in sozialer Hinsicht, soweit sie an örtlich verfestigten Eigentumspositionen anknüpfen (vgl. BVerfG, Entscheidung vom 17.12.2013, 1 BvR 3139/08).

Das **Vermögen** (z. B. Chancen, Erwartungen, Verdienstmöglichkeiten) als solches ist demgegenüber **nicht geschützt** (vgl. „Apothekenurteil", BVerfGE 7, 377).

Enteignung

Art. 14 GG schützt grundsätzlich auch vor Enteignung. Sie ist nur zulässig, wenn sie durch ein hinreichend **gewichtiges Gemeinwohlziel** gerechtfertigt ist und auf einem **Gesetz** beruht, das seinerseits hinreichend bestimmt regelt, zu welchem Zweck, unter welchen Voraussetzungen und für welche Vorhaben enteignet werden darf (Art. 14 Abs. 3 GG). Hinsichtlich des Gemeinwohlziels ist eine Gesamtabwägung zwischen den für das konkrete Vorhaben sprechenden Gemeinwohlbelangen einerseits und den durch seine Verwirklichung beeinträchtigten öffentlichen und privaten Belangen andererseits erforderlich (Pieroth/ Schlink et al. 2013).

Entscheidung „Braunkohlentagebau Garzweiler" (BVerfG, Urteil vom 17.12.2013, BvR 3139/08):
Anm. d. Autorin: Verfassungsbeschwerde enteignungs- und umsiedlungsbetroffener Bewohner im Zusammenhang von Enteignungen für den Braunkohle-Tagebau.
Leitsätze: „Nach Art. 14 Abs. 3 GG kann eine Enteignung nur durch ein hinreichend gewichtiges Gemeinwohlziel gerechtfertigt werden, dessen Bestimmung dem parlamentarischen Gesetzgeber aufgegeben ist. Das Gesetz muss hinreichend bestimmt regeln, zu welchem Zweck, unter welchen Voraussetzungen und für welche Vorhaben enteignet werden darf. Allein die Ermächtigung zur Enteignung für ‚ein dem Wohl der Allgemeinheit dienendes Vorhaben' genügt dem nicht. Dient eine Enteignung einem Vorhaben, das ein Gemeinwohlziel im Sinne des Art. 14 Abs. 3 Satz 1 GG fördern soll, muss das enteignete Gut unverzichtbar für die Verwirklichung dieses Vorhabens sein. Das Vorhaben ist erforderlich im Sinne des Art. 14 Abs. 3 GG, wenn es zum Wohl der Allgemeinheit vernünftigerweise geboten ist, indem es einen substantiellen Beitrag zur Erreichung des Gemeinwohlziels leistet. Eine Enteignung erfordert eine Gesamtabwägung zwischen den für das konkrete Vorhaben sprechenden Gemeinwohlbelangen einerseits und den durch seine Verwirklichung beeinträchtigten öffentlichen und privaten Belan-

gen andererseits. Der Garantie effektiven Rechtsschutzes gegen Verletzungen der Eigentumsgarantie wird nur genügt, wenn Rechtsschutz gegen einen Eigentumsentzug so rechtzeitig eröffnet wird, dass im Hinblick auf Vorfestlegungen oder den tatsächlichen Vollzug des die Enteignung erfordernden Vorhabens eine grundsätzlich ergebnisoffene Überprüfung aller Enteignungsvoraussetzungen realistisch erwartet werden kann. Das Grundrecht auf Freizügigkeit berechtigt nicht dazu, an Orten im Bundesgebiet Aufenthalt zu nehmen und zu verbleiben, an denen Regelungen zur Bodenordnung oder Bodennutzung einem Daueraufenthalt entgegenstehen, sofern sie allgemein gelten und nicht gezielt die Freizügigkeit bestimmter Personen oder Personengruppen einschränken sollen. Art. 14 GG schützt den Bestand des konkreten (Wohn-)Eigentums auch in dessen gewachsenen Bezügen in sozialer Hinsicht, soweit sie an örtlich verfestigten Eigentumspositionen anknüpfen. Art. 14 GG vermittelt den von großflächigen Umsiedlungsmaßnahmen in ihrem Eigentum Betroffenen einen Anspruch darauf, dass bei der Gesamtabwägung das konkrete Ausmaß der Umsiedlungen und die mit ihnen für die verschiedenen Betroffenen verbundenen Belastungen berücksichtigt werden."

3.7.11 Artikel 16a GG

§§

Art. 16a Abs. 1, 2, 3, 4 und 5 GG

„(1) Politisch Verfolgte genießen Asylrecht.
(2) Auf Absatz 1 kann sich nicht berufen, wer aus einem Mitgliedstaat der Europäischen Gemeinschaften oder aus einem anderen Drittstaat einreist, in dem die Anwendung des Abkommens über die Rechtsstellung der Flüchtlinge und der Konvention zum Schutze der Menschenrechte und Grundfreiheiten sichergestellt ist. Die

Voraussetzungen des Asylrechts

Art. 16a GG schützt **politisch Verfolgte** (Manssen 2015).

Entscheidung „Definition: Politisch verfolgt" (BVerfGE 74, 51, Beschluss vom 26.11.1986; BVerfGE 67, 184, Beschluss vom 20.06.1984):

Politisch verfolgt ist, wer „wegen seiner Rasse, Religion, Nationalität, Zugehörigkeit zu einer sozialen Gruppe oder wegen seiner politischen Überzeugung Verfolgungsmaßnahmen mit Gefahr für Leib oder Leben oder Beschränkungen seiner persönlichen Freiheit ausgesetzt ist oder solche Verfolgungsmaßnahmen begründet befürchtet".

Entscheidung „Definition: Verfolgung" (BVerfGE 54, 341, Urteil vom 02.07.1980; 76, 143, Urteil vom 01.07.1987):
Verfolgung ist „die Beeinträchtigung von Rechtsgütern, die den Betroffenen in eine ausweglose Lage bringt".
Anm. d. Autorin: Dabei ist zu beachten, dass nicht jeder Eingriff in Rechte der Bürger, der nach deutscher Rechtslage verfassungswidrig wäre, ausreicht; es muss vielmehr auch die Menschenwürde beeinträchtigt sein.

Die Verfolgung muss eine *eigene* sein; danach ist es nicht ausreichend, dass der Betroffene lediglich einer Gruppe angehört, die ein asylerhebliches Merkmal erfüllt (vgl. BVerfGE 83, 216; 125, 243 „Jeziden").

Anerkannt sind z. B. nicht unerhebliche Eingriffe in das Leben und die körperliche Unversehrtheit, die Beeinträchtigung der Religionsausübung im häuslich-privaten Bereich (vgl. BVerfGE 76, 143), der Schutz von Ehegatten und minderjährigen Kindern (vgl. auch § 26 AsylVfG; BVerwGE 75, 304) oder das Fehlen einer inländischen oder ausländischen Fluchtalternative.

keine Asylgründe

Nicht geschützt sind demgegenüber die Folgen von Armut, Hunger und Naturkatastrophen, allgemeine Folgen von Unruhen, Revolutionen und Bürgerkriegen, drohende Folter oder Todesstrafe aus *nichtpolitischen* Gründen (aber Abschiebeverbot; vgl. BVerfGE 80, 315).

politische Verfolgung

Verfolgung muss *politisch* sein, d. h., die Verfolgung muss an bestimmte asylrelevante Merkmale wie Rasse, Religion, Nationalität, Zugehörigkeit zu einer sozialen Gruppe oder politischer Überzeugung anknüpfen (vgl. BVerfGE 54, 341), z. B. Verfolgung aufgrund Homosexualität (vgl. BVerfGE 79, 143).

Die politische Verfolgung muss zudem **vom Staat ausgehen** (vgl. BVerfGE 9, 174; 54, 341) oder von Dritten, die dem Staat zugeordnet werden (vgl. BVerfGE 54, 341) und gegenwärtig sein oder gegenwärtig zu befürchten sein.

Schutzbereichsbegrenzungen

Art. 16a Abs. 2 und Abs. 3 stellen **Schutzbereichsbegrenzungen** dar und regeln einen Gesetzesvorbehalt. Aus dem Schutzbereich des Art. 16a GG ist demnach insbesondere herausgenommen, wer aus einem **sicheren Drittstaat** einreist, der wiederum vom Gesetzgeber mit Zustimmung des Bundesrats bestimmt wird. Sichere Drittstaaten sind neben den Mitgliedsstaaten der EU die im Anhang I zum AsylVfG aufgeführten Staaten (Manssen 2015). Bei ihnen wird vermutet, dass die Betroffenen nicht politisch verfolgt werden. Sie können diese Vermutung widerlegen und genießen dann ggf. doch Asyl.

Entscheidung „Drittstaatenregelung des Art. 16a Abs. 2 GG" (BVerfGE 94, 49, Urteil vom 14.05.1996):
„Das Konzept der normativen Vergewisserung ist verfassungsmäßig."

Art. 16a GG regelt auch Eingriffe des Staates gegen den Betroffenen bei Nichtvorliegen der Asylvoraussetzungen. Eingriffe sind dabei alle **aufenthaltsverweigernden und -beendenden Maßnahmen** gegenüber dem vom Asylrecht geschützten politisch Verfolgten. Nicht erfasst ist jedoch die Vorenthaltung von Hilfeleistungen, Unterbringung und Versorgung.

Entscheidung „Verfassungsmäßigkeit des sog. Flughafenverfahrens" (BVerfGE 94, 166, Urteil vom 14.05.1996):
„Ernstliche Zweifel im Sinne des Art. 16a Abs. 4 S. 1 GG liegen dann vor, wenn erhebliche Gründe dafür sprechen, dass die Maßnahme einer rechtlichen Prüfung wahrscheinlich nicht standhält."

3.8 Einschränkbarkeit und Absicherung von Grundrechten

Art. 19 Abs. 1, 2, 3 und 4 GG

„(1) Soweit nach diesem Grundgesetz ein Grundrecht durch Gesetz oder auf Grund eines Gesetzes eingeschränkt werden kann, muß das Gesetz allgemein und nicht nur für den Einzelfall gelten. Außerdem muß das Gesetz das Grundrecht unter Angabe des Artikels nennen.

(2) In keinem Falle darf ein Grundrecht in seinem Wesensgehalt angetastet werden.
(3) Die Grundrechte gelten auch für inländische juristische Personen, soweit sie ihrem Wesen nach auf diese anwendbar sind.
(4) Wird jemand durch die öffentliche Gewalt in seinen Rechten verletzt, so steht ihm der Rechtsweg offen. Soweit eine andere Zuständigkeit nicht begründet ist, ist der ordentliche Rechtsweg gegeben. Artikel 10 Abs. 2 Satz 2 bleibt unberührt."

Gesetzesvorbehalte

Die Regelung macht deutlich, dass Grundrechte nicht grenzenlos sind, sondern vom Gesetzgeber eingeschränkt werden können. Voraussetzung ist aber, dass das Grundgesetz dies gestattet, denn der Gesetzgeber ist seinerseits der Verfassung, also dem Grundgesetz, unterworfen. Es bedarf also eines Gesetzesvorbehalts. Je nach Anforderung ist dabei zu unterscheiden:

- Bei Grundrechten mit **einfachem Gesetzesvorbehalt** kann eine Einschränkung durch oder aufgrund eines Gesetzes erfolgen (Pieroth/Schlink et al. 2013). Dies gilt z.B. für Art. 2 Abs. 2 S. 3, Art. 8 Abs. 2, Art. 10 Abs. 2 S. 1 oder Art. 12 Abs. 1 GG.
- Bei Grundrechten mit **qualifiziertem Gesetzesvorbehalt** ist eine Einschränkung nur durch ein bestimmtes, näher spezifizierten Anforderungen genügendes Gesetz zulässig. Dazu zählen z.B. Art. 6 Abs. 3 GG (nur Schutz vor Verwahrlosung berechtigt einen Kindesentzug), Art. 13 Abs. 2 und Art. 11 Abs. 2 GG.
- Schließlich gibt es Grundrechte **ohne Vorbehalt**. Auch hier sind jedoch Einschränkungen möglich und notwendig, nämlich bei kollidierenden Grundrechten Dritter und anderen mit Verfassungsrang ausgestatteten Rechtswerten (*verfassungsimmanente Grundrechtsschranken* = „Schranken-Schranken"). Es gilt das Güterabwägungsprinzip in Verbindung mit dem Verhältnismäßigkeitsgrundsatz.

3.9 Subjektiver und objektiver Wertgehalt von Grundrechten

Grundrechte begründen subjektive Rechtspositionen von BürgerInnen und zugleich auch eine objektive Werteordnung.

3.9.1 Subjektiver Wertgehalt

subjektive Rechtspositionen

Der einzelne Bürger kann für sich (*subjektiv*) Rechtspositionen aus den Grundrechten ableiten (Grundrechtsberechtigung) (Schmidt 2015b):

Grundrechte als Abwehrrechte: Grundrechte sind Abwehrrechte des Bürgers **gegen den Staat**, wenn dieser unmittelbar oder mittelbar in die Grundrechte eingreift (Ipsen 2014b).

Verstoßen hoheitliche Eingriffe (Hoheitsakte) gegen Grundrechte, haben diie BürgerInnen gegen den Staat aus den Grundrechten unmittelbar

- einen Unterlassungsanspruch,
- einen Folgenbeseitigungsanspruch und
- einen Schadensersatzanspruch.

Beachte: Die Grundrechtsbindung des Staates gilt auch, wenn der Staat zur Erfüllung öffentlicher Aufgaben privatrechtlich handelt oder sich einer privaten Person (*Beliehener*) bedient („keine Flucht ins Privatrecht", vgl. BVerfG, NJW 1987, 827).

Grundrechte als Leistungsrechte: Grundrechte **verpflichten den Staat zum Handeln** (Schmidt 2015b).

In den Grundrechten ist die Anspruchsgrundlage zum Teil nicht ausdrücklich formuliert, daher wird das Leistungsrecht durch Auslegung der Grundrechte ermittelt. Es gibt

- **Anspruchsgrundrechte** (Art. 1 Abs. 1; 6 Abs. 4 und 5; 7 Abs. 4; 19 Abs. 4; 33; 101 Abs. 1; 103 Abs. 1 GG), z. B. Schutz von gleichgeschlechtlichen Lebensgemeinschaften;
- **Anspruch auf konkrete Leistung,** z. B. Existenzminimum aus Art. 1 Abs. 1, 2 Abs. 2 GG i. V. m. Sozialstaatsprinzip, Sicherung elementarer Bedürfnisse (Wasser, Energie), soziale Sicherung durch Kranken-, Unfall-, Renten-, Pflegeversicherung, Sicherung der Wohnung und des Arbeitsplatzes;
- **Anspruch auf Schutz durch den Staat vor Grundrechtseingriffen**, z. B. vor Eingriffen durch Dritte (Privatpersonen), wenn gerichtliche Hilfe nicht ausreicht (Schutz von Demonstranten mit nationalsozialistischem Hintergrund vor linksextremen Gegendemonstranten, Schutz der Geisel vor dem Geiselnehmer, polizeiliche Maßnahmen, ausländerrechtliche Maßnahmen) und

- **Anspruch auf Teilhabe, wenn Staat Monopolstellung hat**, z. B. Studienplätze.

Grundrechte als Mitwirkungsrechte: Grundrechte begründen Rechte des Bürgers auf Mitwirkung und Mitsprache **bei Entscheidungen des Staates**. Darunter fallen z. B. das Wahlrecht gemäß Art. 38 Abs. 1 S. 1 GG (Badura 2015) oder der Zugang zu öffentlichen Ämtern unter Berücksichtigung der Chancengleichheit gemäß Art. 33 Abs. 1–3 GG.

3.9.2 Objektiver Wertgehalt

Grundrechte als Werteordnung

Aus der Verfassung ergibt sich auch eine (*objektive*) **Werteordnung der Grundrechte** (vgl. BVerfG „verfassungsrechtliche Grundentscheidung“, „objektive Prinzipien“; Schmidt 2015b).

Dieser *objektive* Wertgehalt dient als Ausdruck der verfassungsrechtlichen Grundentscheidung zugleich der Verstärkung der *subjektiven* Geltungskraft der Grundrechte für den Einzelnen. Beispiele für Einrichtungsgarantien und Schutzpflichten sind:

- Schutz des ungeborenen Lebens vor Schwangerschaftsabbruch (Art. 1 Abs. 1, 2 Abs. 2 GG),
- Pressefreiheit (Art. 5 Abs. 1 GG),
- Schutz von Ehe, Familie (Art. 6 Abs. 1 GG),
- Schulaufsicht (Art. 7 Abs. 1 GG),
- Berufsfreiheit (Art. 12 GG),
- Eigentum und Erbrecht (Art. 14 Abs. 1 GG),
- Selbstverwaltungsrecht der Gemeinden (Art. 28 Abs. 2 GG) und
- Berufsbeamtentum (Art. 33 Abs. 5 GG).

Bei den einzelnen Grundrechten lässt sich auf dieser Grundlage weiter nach dem **Schutzbereich** differenzieren. Man unterscheidet

- den *persönlichen* (Wer wird geschützt? = *Adressat und Träger*) und
- den *sachlichen* (Was wird geschützt? = *Inhalt des Rechts*) Schutzbereich.

3.9.3 Persönlicher und sachlicher Schutzbereich bei Grundrechten

Tabelle 1 listet als Übersicht einzelne Grundrechte auf und stellt den jeweiligen persönlichen und den sachlichen Schutzbereich dar.

Tab. 1: Übersicht der persönlichen und sachlichen Grundrechte

Art. 1 Abs. 1 GG	**Definition**
Persönlicher Schutzbereich (Adressat und Träger)	Jedermannsrecht, d.h. natürliche Personen und nach Art. 19 Abs. 3 GG (u.U.) auch juristische Personen und Vereinigungen
Sachlicher Schutzbereich (Inhalt des Rechts)	Nach dem BVerfG „sozialer Wert- und Achtungsanspruch, der dem Menschen wegen seines Menschseins zukommt"
Art. 2 Abs. 1 GG	**Definition**
Persönlicher Schutzbereich	Jedermannsrecht
Sachlicher Schutzbereich	jegliches menschliches Verhalten („Jeder kann tun und lassen, was er will.") – *subsidiäres Auffanggrundrecht*
Art. 2 Abs. 2 GG	**Definition**
Persönlicher Schutzbereich	Jedermannsrecht
Sachlicher Schutzbereich	das Recht, zu leben (körperliches Dasein) bzw. zu sterben (Selbsttötung, Einstellung lebensverlängernder Maßnahmen), das Recht auf Gesundheit im biologisch-physischen und psychischen Sinn
Art. 4 Abs. 1 GG	**Definition**
Persönlicher Schutzbereich	Jedermannsrecht; Gewissensfreiheit nur auf natürliche Personen, Glaubens- und Weltanschauungsfreiheit hingegen auch auf juristische Personen des Privatrechts und Recht auf ungestörte Religionsausübung sogar auf juristische Personen des öffentlichen Rechts anwendbar
Sachlicher Schutzbereich	jede ernstliche, an den Kategorien *Gut* und *Böse* orientierte Entscheidung, die der Einzelne für sich als unbedingt verpflichtend erfährt (= Gewissensfreiheit); jede Überzeugung des Einzelnen von den *letzten Dingen*, insbesondere über den Ursprung der Welt und die Stellung des Menschen in ihr, den Ursprung des menschlichen Lebens und die Bedeutung des Todes (= Glaubensfreiheit); die ungestörte Religionsausübung

Art. 5 GG	**Definition**
Persönlicher Schutzbereich	Jedermannsrecht
Sachlicher Schutzbereich	Meinungen in Wort, Schrift und Bild im Rahmen einer geistigen Auseinandersetzung, geschützt ist auch die negative Meinungsfreiheit (Recht, Meinungen nicht zu äußern oder zu verbreiten)
Art. 8 Abs. 1 GG	**Definition**
Persönlicher Schutzbereich	Deutschengrundrecht, gem. Art. 19 Abs. 3 GG auch auf dt. jur. Personen (z. B. als Veranstalter) anwendbar
Sachlicher Schutzbereich	erfasst alle friedlichen, waffenlosen Versammlungen: jede auf Kommunikation angelegte Zusammenkunft von mindestens zwei Personen
Art. 3 Abs. 1 GG	**Definition**
Persönlicher Schutzbereich	*alle Menschen*, d. h. Jedermannsrecht
Ungleichbehandlung (neue Formel)	Ungleichbehandlung von *wesentlich Gleichem*, obwohl beide unter einen gemeinsamen ausschließenden Oberbegriff gefasst werden können (*Willkür-Verbot* des Art. 3 Abs. 1 GG) → Eine Gruppe von Normadressaten wird im Vergleich zu anderen Normadressaten anders behandelt, obwohl zwischen beiden Gruppen keine Unterschiede von solcher Art und von solchem Gewicht bestehen, dass sie die Ungleichbehandlung rechtfertigen könnten. → *Verhältnismäßigkeitsprüfung*, d.h. Ungleichbehandlung muss einen legitimen Zweck verfolgen, zur Erreichung dieses Zwecks geeignet und erforderlich sein und in angemessenem Verhältnis zum Wert des Zwecks stehen Nach BVerfG verbietet der Gleichheitssatz auch die *Gleichbehandlung* von wesentlich Ungleichem.

3.10 Drittwirkung der Grundrechte

Grundrechte im Verhältnis der Bürger

Grundrechte sind, wie gezeigt, eigentlich Abwehrrechte der BürgerInnen gegen den Staat (Über-/Unterordnung). Die Drittwirkung der Grundrechte beschreibt, inwieweit Grundrechte nicht nur im Verhältnis der BürgerInnen zum Staat, sondern auch innerhalb der Rechtsbeziehungen der BürgerInnen untereinander (Gleichordnung) gelten.

Arten der Drittwirkung

Dabei wird zwischen unmittelbarer und mittelbarer Drittwirkung unterschieden.

Unmittelbare Drittwirkung: Hier wirken die Grundrechte ohne die Beteiligung staatlicher Stellen unmittelbar zwischen den Bürgern. Eine solche unmittelbare Drittwirkung wird in der Rechtsprechung grundsätzlich abgelehnt.

Mittelbare Drittwirkung: Bei der (nur) mittelbaren Drittwirkung wirken die Grundrechte nicht unmittelbar zwischen den Bürgern, jedoch ist ihr Inhalt bei der Anwendung des Privatrechts zu beachten, insbesondere fließen sie in die Auslegung der unbestimmten Rechtsbegriffe ein („Ausstrahlung der Grundrechte", vgl. BVerfGE 7, 198, 205 ff.).

Die mittelbare Drittwirkung der Grundrechte ist daher zulässig (vgl. BVerfGE 7, 198, 205 ff.). Beispiele einer solchen mittelbaren Drittwirkung sind (Interessenabwägung):

- verbotene Beleidigung (Schutz der Menschenwürde und des Persönlichkeitsrechts) oder hinzunehmende Meinungs- oder Kunstfreiheit (Art. 5 GG),
- verbotene Schmähkritik oder Satire (Art. 5 GG),
- Boykottaufruf: Meinungsfreiheit/Eigentum (Gewerbebetrieb) und
- Boulevard-Bericht über z. B. Prominente, Unfallopfer (Informations- und Pressefreiheit/Menschenwürde, Persönlichkeitsrecht).

Abwägung bei mittelbarer Drittwirkung

Die Lösung erfolgt in all diesen Fällen über eine **Interessenabwägung im Einzelfall**. Das Beispiel einer negativen Aussage über einen Dritten macht dies deutlich: Abzuwägen sind die Interessen der Beteiligten (Äußernder/Betroffener) unter Beachtung der vom GG vorgegebenen Werteordnung. Entscheidend ist danach zunächst, ob eine Tatsache (= wahr oder unwahr, dem Beweis zugänglich) oder ein Werturteil (= Meinung) vorliegt. Liegt eine Tatsachenbehauptung vor, so ist sie grundsätzlich geschützt, wenn sie wahr ist. Handelt es sich um ein Werturteil, also eine Meinung, ist sie grundsätzlich geschützt und zwar gerade auch dann, wenn sie unbequem und kritisch ist. Die Grenze des Zulässigen und von der Meinungsfreiheit Gedeckten ist überschritten, wenn es sich bei der Meinung um bloße Schmähkritik handelt, also die reine Beleidigung im Vordergrund steht.

Bei der mittelbaren Drittwirkung fließen die Grundrechte somit im Rahmen der Auslegung und Anwendung des Privatrechts zwischen den Bürgern ein. Es finden sich verschiedene Generalklauseln des Zivilrechts, über die die Grundrechte Berücksichtigung finden. Dies sind u. a.:

- Grundsatz von Treu und Glauben (§ 242 BGB; z. B. Wegfall der Geschäftsgrundlage, unzulässige Rechtsausübung, Verwirkung von Rechten),
- Sittenwidrigkeit (§ 138 BGB): Sittenwidrig handelt, wer gegen das Anstandsgefühl aller billig und gerecht Denkenden verstößt. Die Sittenwidrigkeit eines Rechtsgeschäfts kann sich aus seinem Inhalt oder aus dem Gesamtcharakter ergeben (z. B. Wuchergeschäfte).
- deliktischer Schutz des allgemeinen Persönlichkeitsrechts (z. B. Beleidigung) als „sonstiges Recht“ im Recht der sog. *unerlaubten Handlungen*: Eine Verletzung löst u. a. Schadensersatz- und Unterlassungsansprüche aus.

3.11 Prüfung von Grundrechten

Prüfungssystematik

Aus der Darstellung der Grundrechte folgt die Prüfungssystematik. Dabei ist zwischen Gleichheits- und Freiheitsgrundrechten zu unterscheiden. Die **Grundsystematik** der Prüfung ist bei einfacher Betrachtung aber vergleichbar:

- Ist das Grundrecht betroffen?
- Ist die Maßnahme gerechtfertigt?
- Ist sie verhältnismäßig?

Folgende Schemata bieten einen Überblick über die **Grundrechtsprüfung**:

Prüfungsschema bei Gleichheitssätzen (Art. 3 Abs. 2, 3 Abs. 3, 6 Abs. 1, 6 Abs. 5, 11, 21, 33 Abs. 1, 33 Abs. 2, 33 Abs. 3)

1 rechtlich relevante Ungleichbehandlung
- wesentliche Gleichheit zweier Fallgestaltungen
- Ungleichbehandlung

2 verfassungsrechtliche Rechtfertigung
- sachlicher Grund
- Verhältnismäßigkeit

Prüfungsschema bei Freiheitsrechten (Art. 2 Abs. 1, 4 Abs. 1, 4 Abs. 2, 5 Abs. 1, 8 Abs. 1, 9 Abs. 1, 12 Abs. 1, 14 Abs. 1, 10 Abs. 1 GG)

1 Schutzbereich
- persönlich
- sachlich

2 Eingriff

3 verfassungsrechtliche Rechtfertigung

4 Schranken-Schranken
- Wesensgehalt
- Verbot des Einzelfallgesetzes
- Zitiergebot
- Verhältnismäßigkeit

4 Allgemeine Grundsätze der Rechtsanwendung

Im Folgenden werden einige allgemeine Grundsätze der Rechtsanwendung dargestellt. Dabei geht es um Grundbegriffe, die das Verständnis und die Orientierung bei der Umsetzung von Regelungen in der Praxis erleichtern.

4.1 (Lebens-)Altersstufen im Recht

Gesetz und Alter

Die Anwendbarkeit von Gesetzen hängt (auch) vom Alter der Adressaten ab:

- **Rechtsfähigkeit** (Fähigkeit, Träger von Rechten zu sein): **ab** Vollendung der **Geburt** (§1 BGB),
- **Geschäftsfähigkeit** (das Recht, selbst verbindlich Willenserklärungen abzugeben und insbesondere Verträge zu schließen): **ab 18 Jahre** (§ 2 BGB , §§ 104–106 BGB),
  - **beschränkte Geschäftsfähigkeit** (das Recht, mit Zustimmung des gesetzlichen Vertreters und teilweise auch des Vormundschaftsgerichts verbindliche Willenserklärungen abzugeben): **ab sieben Jahre** (§ 106 BGB),
- **Deliktfähigkeit** (Verantwortlichkeit für schädigendes Verhalten und die Haftung auf Schadensersatz; sorgfaltswidrige Rechtsverletzung): **ab 18 Jahre**,
  - **beschränkte Deliktfähigkeit** (abhängig von Einsichtsfähigkeit): **ab sieben Jahre** (§ 104 BGB) und
- **Strafmündigkeit** (Strafrecht): **ab 14 Jahre** (§ 3 JGG: 14–17 Jahre = strafbar, wenn zur Zeit der Tat nach seiner sittlichen und geistigen Entwicklung reif genug, das Unrecht der Tat einzusehen und nach dieser Einsicht zu handeln).

4.2 Abgrenzung öffentliches Recht und Privatrecht

Bedeutung der Unterscheidung

Die gesetzlichen Regelungen werden in öffentliches Recht und Privatrecht aufgeteilt. Die Unterscheidung ist zum Beispiel für die Frage des Rechtswegs (Gerichte) und der dem Staat zustehenden Befugnisse (Durchsetzung mittels Zwangs) bedeutsam. Handelt der Staat selbst privatrechtlich (z. B. Kauf von Büromaterial für Behörde), findet Privatrecht Anwendung und er wird wie ein *normaler Bürger* behandelt (z. B. Kaufpreisklage vor Zivilgericht).

Die Kriterien für die Unterscheidung sind strittig: Nach der (herrschender) *modifizierten Subjektstheorie* und der *Subordinationstheorie* ist öffentliches Recht immer dann gegeben, wenn die betroffene Gesetzesnorm ausschließlich einen Träger hoheitlicher Gewalt berechtigt oder verpflichtet. Ansonsten liegt Privatrecht vor. Im Grundsatz gilt:

- öffentliches Recht: Verhältnis Staat zu Bürger
- Privatrecht: gleichberechtigte Rechtssubjekte.

4.3 Prüfungsschritte bei jeder Maßnahme der vollziehenden Gewalt

formelle und materielle Rechtmäßigkeit

Jede Maßnahme der vollziehenden Gewalt, also insbesondere der Behörden, ist grundsätzlich überprüfbar. Dabei ist zum einen *formal* zu prüfen, ob die richtige, also zuständige Behörde in der richtigen Form (z. B. mittels Verwaltungsakts) unter Beachtung des Verfahrens (z. B. nach Anhörung des Adressaten der belastenden Maßnahme) gehandelt hat. Fehlt es an einer der Voraussetzungen (wenn z. B. die falsche Behörde gehandelt hat), so ist die Maßnahme bereits **aus formellen Gründen** rechtswidrig. Anderenfalls ist zu prüfen, ob die Maßnahme inhaltlich in Ordnung ist, d. h. es wird die **materielle Rechtmäßigkeit** geprüft. Danach muss eine vom Gesetz vorgesehene Maßnahme insbesondere auch verhältnismäßig sein. Aus dem Gesagten folgt die Prüfungssystematik für **Maßnahmen der vollziehenden Gewalt:**

I formelle Voraussetzungen
1 Form (z. B.: Wurde ein ordnungsgemäßer Verwaltungsakt erlassen?)
2 Verfahren (z. B.: Ist eine erforderliche Anhörung erfolgt?)
3 Zuständigkeit (sachlich, örtlich; z. B.: Hat die richtige Behörde gehandelt?)

II materielle Voraussetzungen (Liegen die gesetzlichen Voraussetzungen für die Entscheidung vor?)
1 Schutzbereich, in den eingegriffen wird
  a) persönlich (Anwendungsbereich: Wen meint die Norm?)
  b) sachlich (Anwendungsbereich: Welchen Sachverhalt regelt die Norm?)
2 Eingriff in den Schutzbereich (gemäß 1)
3 Verfassungsmäßige Rechtfertigung
  a) Eingriffsvoraussetzungen/Schranke
  b) Verfassungsmäßigkeit der Schranke (formell und materiell)
4 Verhältnismäßigkeit (wird aus dem Rechtsstaatsprinzip hergeleitet)
  a) Geeignetheit der Maßnahme (Gibt es eine grundsätzliche Tauglichkeit der Maßnahme, ihr Ziel zu erreichen?)
  b) Erforderlichkeit der Maßnahme (Gibt es keine weniger belastende Maßnahme mit gleicher Geeignetheit?)
  c) Angemessenheit der Maßnahme (Verhältnismäßigkeit i. e. S.; Stehen erforderlicher Eingriff und verfolgter Zweck in ausgewogenem Verhältnis?)

4.4 Normtypen/Rechtsquellen

Der Begriff *Gesetz* wird häufig abstrakt verwendet. Dabei ist nicht immer klar, was genau gemeint ist. Das liegt daran, dass seine Bedeutung je nach Kontext unterschiedlich ist (*Gesetz ist nicht gleich Gesetz.*).

4.4.1 Formelles/materielles Gesetz

Unterscheidung

Gesetz im **formellen** Sinn ist jede Regelung, die in dem in der Verfassung vorgesehenen förmlichen Verfahren beschlossen wurde (regelmäßig nur die vom Parlament in einem Gesetzgebungsverfahren beschlossenen und im Gesetzblatt bekannt gemachten Regelungen; z. B. Bundesgesetze: Art. 76 ff. GG).

Gesetz im **materiellen** Sinn ist demgegenüber jede generell-abstrakte Regelung mit Außenwirkung (Rechtsnorm; also auch solche Rechtsnormen, bei denen es sich um kein formelles Gesetz handelt).

4.4.2 Arten von Gesetzen/Rechtsnormen

Normentypen

Innerhalb der Rechtsnormen lassen sich verschiedene Arten unterscheiden (Erbguth 2014):

- **Verfassung** (Bund: Grundgesetz; Länder: Länderverfassungen),
- **(formelle) Gesetze** (Bundesgesetze/Landesgesetze; Gesetzgebungszuständigkeit im Verhältnis Bund/Länder richtet sich nach Art. 71 ff. GG),
- **(Rechts-)Verordnungen** (werden durch den jeweiligen Verordnungsgeber, z. B. ein Bundesministerium, Landesministerium und sonstige Behörden, aufgrund einer entsprechenden gesetzlichen Ermächtigung erlassen, z. B. StVO),
- **Satzung** (Vorschriften, die alle Träger im Rahmen ihrer Selbstverwaltungsaufgaben berechtigen und verpflichten),
- **Verwaltungsvorschriften** (verwaltungs-*interne*!) generell-abstrakte Anordnungen einer Behörde an untergeordnete Behörden oder eines Vorgesetzten an die ihm unterstellten Verwaltungsbediensteten (z. B. Erlass, Richtlinien, Durchführungsbestimmung, Verwaltungsanordnung, Dienstanweisung, Rundverfügung) und
- **(öffentlich-rechtliche) Verträge**.

4.5 Beurteilungsspielraum, Ermessensbestimmungen und -ausübung der Verwaltung

Bei der Anwendung verwaltungsrechtlicher Normen ist je nach Ausgestaltung zwischen Beurteilungsspielraum und Ermessen zu unterscheiden (Maurer 2011):

Unterscheidung der Begriffe

- Der **Beurteilungsspielraum** betrifft die Tatbestandsvoraussetzungen (Liegen die Handlungsvoraussetzungen vor, kann gehandelt werden?).

- Das **Ermessen** betrifft demgegenüber die Rechtsfolgenseite (Wie kann gehandelt werden?). Es eröffnet der Verwaltung bei Vorliegen eines Gesetzestatbestandes Entscheidungs- und Verhaltensalternativen. Es gibt keine bestimmte Rechtsfolge und damit Verhaltensform (Schmidt 2015). Die Verwaltung kann vielmehr zwischen mehreren möglichen Verhaltensformen wählen (Schmidt 2015b).

4.5.1 Tatbestand: Beurteilungsspielraum (Wenn)

Anwendung

Der Wortlaut des Gesetzes, der festlegt, wann die Behörde handeln kann, muss eine Wertungsmöglichkeit für die Behörde eröffnen. Die Behörde erhält vom Gesetzgeber also einen **Beurteilungsspielraum** (nicht Ermessen), ob die Tatbestandsvoraussetzungen erfüllt sind (Maurer 2011).

Ein solcher Beurteilungsspielraum wird insbesondere durch **unbestimmte Rechtsbegriffe** begründet. Das sind einzelne Tatbestandsmerkmale, die im Wege der Auslegung zu konkretisieren sind (z. B. Gefahr, Wohl des Kindes, § 8a SGB VIII oder Würde des Menschen, Art. 1 GG und §1 SGB XII).

4.5.2 Rechtsfolge: Ermessen (Dann)

Einräumung von Ermessen

Sieht die Gesetzesnorm für den Fall des Vorliegens einer Tatbestandsvoraussetzung eine bestimmte Rechtsfolge vor (*ist*), steht der Behörde kein Ermessen zu. Sie muss die Rechtsfolge herbeiführen.

Eröffnet die Gesetzesnorm der Verwaltung hingegen die Entscheidungsmacht zwischen mehreren Verhaltensmöglichkeiten (*kann*), verfügt die Behörde über ein Ermessen. Ermessensnormen sind erkennbar durch Formulierungen wie *kann*, *soll*, *darf*, *ist befugt*.

Ausübung des Ermessens

Die Verwaltung muss die Entscheidung begründen, da sie offen legen und für den Adressaten der Entscheidung erkennbar machen muss, nach welchen Gesichtspunkten sie ihr Ermessen ausgeübt hat. Die Behörde muss das Ermessen sachgerecht ausüben. Dabei kann das Ermessen auch durch die Norm selbst begrenzt sein (Sinn und Zweck).

Von einer **Ermessensreduzierung auf Null** spricht man, wenn der handelnden Behörde im Rahmen ihres Ermessens aufgrund bestehender rechtlicher Bindungen nur noch eine einzige rechtmäßige Handlungsoption übrig bleibt (Schmidt, 2015a).

Ein **intendiertes Ermessen** gibt im Gesetz eine bestimmte Tendenz der Ausübung des Ermessens vor. Es kommt insbesondere durch die Formulierung zum Ausdruck, dass die Verwaltung bei Vorliegen der Tatbestandsvoraussetzung eine bestimmte Rechtsfolge wählen *soll* (= *muss, mit Ausnahme in atypischen Sonderfällen*).

Zu beachten ist die **Selbstbindung der Verwaltung**, nach der sich die Behörde durch eine gleichmäßige Verwaltungspraxis bei vergleichbaren Sachverhalten in ihrer Entscheidungsfreiheit, insbesondere aufgrund des Gleichbehandlungsgrundsatzes, selbst binden kann.

4.5.3 Arten des Ermessens

Bezugspunkt des Ermessens

Je nachdem, worauf sich das Ermessen bezieht, kann zwischen verschiedenen Ermessensarten unterschieden werden:

- Das **Entschließungsermessen** bezieht sich auf das *Ob* einer Maßnahme, d. h., ob die Verwaltung handelt.
- Das **Gestaltungsermessen** bezieht sich auf das *Wie*, d. h. den Inhalt der Entscheidung.
- Das **Auswahlermessen** schließlich ist ein Teil des Gestaltungsermessens (*Wie*), etwa bei der Auswahl des Störers im Polizeirecht, also bei der Festlegung, gegen wen vorgegangen werden soll, um eine Störung zu beseitigen.

4.5.4 Ermessensfehler (Rechtsfehler)

Die Ermessensausübung darf nicht gegen Grundrechte, Gesetze und allgemeine Verfahrensgrundsätze verstoßen (z. B. gegen den Gleichheitsgrundsatz, Art. 3 GG, oder den Verhältnismäßigkeitsgrundsatz). Ermessensfehler machen die Entscheidung der Verwaltung rechtswidrig.

Fallgruppen

Im Wesentlichen lassen sich vier Fallgruppen unterscheiden (Schmidt 2015b):

1 Bei der **Ermessensüberschreitung** wählt die Behörde eine Rechtsfolge, die nicht im Rahmen der Ermessensvorschrift liegt (auch bei *Ermessensreduzierung auf Null*).
2 Von einer **Ermessensunterschreitung** spricht man, wenn die Behörde bei der Festlegung der gewählten Rechtsfolge fälschlich nicht den Rahmen ausschöpft, den die Norm eröffnet.
3 Ein **Ermessensnichtgebrauch** liegt vor, wenn die Behörde verkennt, dass sie ein Ermessen hat.
4 Schließlich handelt es sich um einen **Ermessensfehlgebrauch**, wenn die Entscheidung von falschen Motiven oder unpassenden Gesichtspunkte geprägt ist, d. h. die Behörde sich von sachfremden Motiven leiten oder falsche Gesichtspunkte in ihre Erwägungen einfließen lässt.

5 Gesetzesvollzug durch die öffentliche Verwaltung

In den vorangegangenen Kapiteln wurden die rechtlichen Grundlagen der Bundesrepublik, die Struktur der Aufgabenwahrnehmung, die Stellung der BürgerInnen und die allgemeinen Grundlagen der Rechtsanwendung dargestellt. Die praktische Umsetzung, insbesondere durch die Anwendung der Regeln, erfolgt auch im Bereich der Sozialen Arbeit durch die Verwaltung als Exekutive. Die folgenden Ausführungen erläutern daher Begriff und Aufgaben der Verwaltung sowie das ihr zur Verfügung stehende Instrumentarium des Verwaltungshandelns: Was ist Verwaltung und wie funktioniert bzw. arbeitet sie?

5.1 Verwaltung (Begriff, Grundlagen)

Dieses Kapitel erklärt die Begrifflichkeit und zeigt die Grundlagen der öffentlichen Verwaltung.

5.1.1 Begriff der Verwaltung

Die Verwaltung ist die **vollziehende Gewalt** oder **Exekutive**. Darunter fallen insbesondere Regierungen und Behörden.

Begriffsdefinition

Der Begriff *Verwaltung* umfasst grundsätzlich alles staatliche Handeln, das nicht Gesetzgebung oder Rechtsprechung ist (Detterbeck 2015). Typischerweise besteht exekutives Handeln in Einzelentscheidungen, durch die Normen konkretisiert werden. Es handelt sich um die Umsetzung und Anwendung von Normen auf konkrete Lebenssachverhalte.

Die Verwaltung vollzieht die Gesetze. Dies umfasst auch **staatliche Eingriffe**, die von Gerichten angeordnet werden, z. B. die Vollstreckung der Verurteilung durch Strafgerichte, der Untersuchungshaft (§112 StPO), der Abschiebehaft (§ 62 AufhG), des Sorgerechtsentzugs durch Familiengericht (§ 1666 BGB), von Maßnahmen nach dem Gewaltschutzgesetz oder die Unterbringung psychisch Kranker (PsychkG, Unterbringungsgesetze).

Die Verwaltung dient zugleich der **Sicherstellung der Grundversorgung**, also der Erfüllung der staatlichen Aufgabe zur Bereitstellung der für ein menschliches Dasein als notwendig erachteten Güter und Leistungen.

5.1.2 Rechtliche Grundlage des Verwaltungsverfahrens für Sozialbehörden

Sozialbehörden als Teil der Verwaltung

Sozialbehörden sind Teil der Verwaltung. Das Zehnte Sozialgesetzbuch (SGB X) enthält alle das **Verwaltungsverfahren** und den Schutz der Sozialdaten betreffenden Gesetzesregelungen sowie die wesentlichen Grundlagen für die Zusammenarbeit der Leistungsträger und ihre Beziehungen zu Dritten. Die in der Praxis wichtigsten Bestimmungen zeigt Abbildung 5:

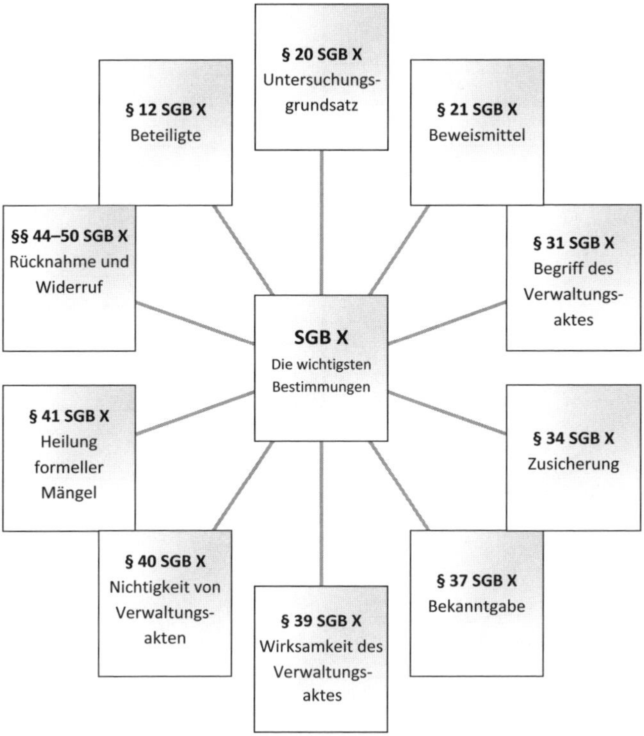

Abb. 5: Schaubild mit den wichtigsten Bestimmungen des SGB X

Träger der Verwaltung

Bevor auf die verschiedenen Aufgaben und Handlungsmöglichkeiten der Verwaltung eingegangen wird, soll am Beispiel der Länderebene eine Übersicht (Abb. 6) verdeutlichen, wer Träger dieser Verwaltung ist. Diese kann sich in verschiedenen Rechtsformen organisieren (Detterbeck 2015).

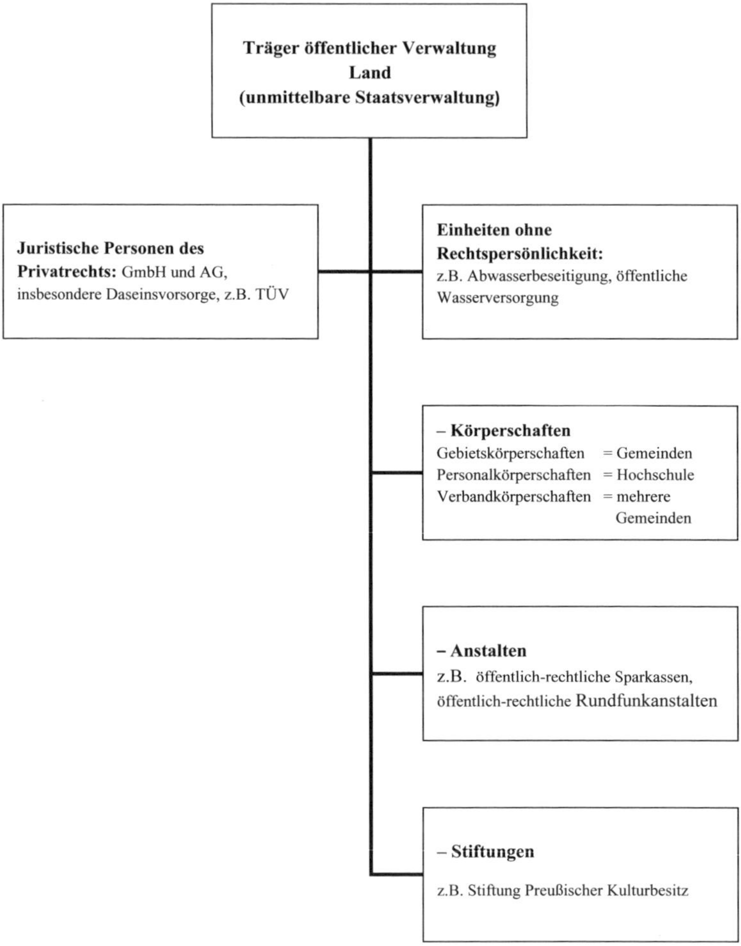

Abb. 6: Träger der Verwaltung

5.2 Aufgaben der Verwaltung

Die Verwaltung hat unterschiedliche Aufgaben. Diese sind zum großen Teil, insbesondere auch im Bereich der Aufgaben der Sozialen Arbeit, den Ländern zugeordnet. Diese bedienen sich ihrerseits häufig der Kommunen. Dementsprechend kann unterschieden werden.

5.2.1 Aufgabenzuordnung (Struktur)

dualistisches und monistisches Modell

Die Aufgabenzuordnung ist **je nach Bundesland unterschiedlich**. Der Unterschied liegt darin, ob die einschlägigen Bestimmungen des Landesrechts vorsehen, dass die Gemeinden *eigene* und *fremde*, nämlich solche Aufgaben des Staates nebeneinander wahrnehmen (dualistisch) oder ob sie ausschließlich *eigene* Aufgaben wahrnehmen, von denen ihnen ein Teil vom Staat übertragen worden ist (monistisch).

Das **dualistische System** gilt beispielsweise in Bayern und Rheinland-Pfalz. Eigene und übertragene staatliche Aufgaben stehen hier nebeneinander: Die **Selbstverwaltungsaufgaben** (eigener Wirkungskreis) einerseits und die Staatsaufgaben als **Auftragsangelegenheiten** (übertragener Wirkungskreis mit Fachaufsicht) andererseits.

Das **monistische Modell** gilt etwa in Hessen, NRW und Baden-Württemberg. Es gibt hier nur einheitlich eigene öffentliche kommunale Aufgaben mit unterschiedlich stark ausgeprägtem staatlichem Weisungsrecht. Man unterscheidet dann **freie Aufgaben**, **Pflichtaufgaben** und **Pflichtaufgaben zur Erfüllung nach Weisung**: Auch wenn es eigene Aufgaben sind, müssen die Gemeinden die übertragenen Aufgaben erledigen und haben hierzu vom Land klare Anweisungen, wie dies zu erfolgen hat.

5.2.2 Aufgaben

Aufgabentypen

Die Aufgaben der Verwaltung lassen sich nach **Zweck und Zielsetzung** unterscheiden. Einige wesentliche Aufgaben seien genannt:

- Die **Daseinsvorsorge** betrifft die Erfüllung der grundlegenden staatlichen Aufgabe (mit und ohne ausdrücklichen gesetzlichen Auftrag) der Gewährleistung einer Grundversorgung durch die

Bereitstellung der für das menschliche Dasein und Zusammenleben notwendigen Güter und Leistungen. Hierunter fallen z. B. Entwicklungs- und Bildungsförderung durch die Errichtung und Förderung von Kindergärten, Schulen, Hochschulen, Kultur- und Sporteinrichtungen, Büchereien, Straßenbau, Pflege der Grünanlagen, Stadien, Gewerbeansiedlungen, Personenbeförderung im Nah- und Fernverkehr, Briefverkehr, Telefon, Rundfunk, Fernsehen, Abfall- und Abwasserbeseitigung.

- Der Verwaltung obliegt die soziale Sicherung durch die **Sicherung elementarer Bedürfnisse** (z. B. Wasser, Energie), die Sicherung der materiellen Grundlagen der Existenz (z. B. Grundsicherung bzw. Sozialhilfe, Sicherung der Wohnung und des Arbeitsplatzes, Mutterschutz) und die soziale Absicherung (z. B. Kranken-, Unfall-, Renten-, Pflegeversicherung, Arbeitslosengeld, Kindergeld).
- Die Verwaltung ist zuständig für **behördliche Schutzmaßnahmen und Eingriffe**. Hierzu zählen z. B. polizeiliche Maßnahmen (z. B. Identitätsfeststellung, Platzverweis, Aufenthaltsverbot, Wohnungsverweis, Ingewahrsamnahme, Durchsuchung), die Ordnungsverwaltung, ausländerrechtliche Maßnahmen (z. B. Erteilung von Aufenthaltserlaubnis, Niederlassungserlaubnis, Duldung, Abschiebung, Asylbewerberleistungen), Maßnahmen für psychisch Kranke (z. B. Beratung, Behandlung, Unterbringung), jugendhilferechtliche Maßnahmen (z. B. Inobhutnahme Jugendlicher und Kinder, Heimaufsicht) oder das Melderecht.

5.2.3 Handlungsformen

Die Verwaltung hat zur Erfüllung ihrer Aufgaben verschiedene Handlungsmöglichkeiten, aus denen sie grundsätzlich frei wählen kann (Erichsen/Ehlers 2010). Dabei wird sie die zur Zielerreichung geeignete, erforderliche und angemessene Maßnahme anwenden. Daneben kann sie auch wie der Bürger am Rechtsverkehr teilnehmen (z. B. Beauftragung eines Handwerkers für eine Reparatur am Rathaus).

Handlungsmöglichkeiten der Verwaltung

Folgende Handlungsmöglichkeiten gibt es:

Verwaltungsakt (§ 31 SGB X): Ein Verwaltungsakt ist eine hoheitliche **Einzelfallregelung** auf dem Gebiet des öffentlichen Rechts mit unmittelbarer Außenwirkung (Detterbeck 2015; Erbguth 2014).

Öffentlich-rechtlicher Vertrag: Man unterscheidet koordinationsrechtliche Verträge mit gleichberechtigten Partnern, z.B. zwei Kommunen, und subordinationsrechtliche Verträge (Erbguth 2014; Reinhardt 2014) im Über-Unterordnungsverhältnis, z.B. zwischen Kommune und BürgerInnen. Da es sich um einen Vertrag handelt, müssen sich beide Seiten **über den Inhalt einigen**. Eine Verpflichtung zum Abschluss besteht grundsätzlich nicht. Der Vertrag bedarf der Schriftform (Detterbeck 2015).

Zulässigkeit des öffentlich-rechtlichen Vertrags (§ 53 SGB X)

„Ein Rechtsverhältnis auf dem Gebiet des öffentlichen Rechts kann durch Vertrag begründet, geändert oder aufgehoben werden (öffentlich-rechtlicher Vertrag), soweit Rechtsvorschriften nicht entgegenstehen. Insbesondere kann die Behörde, anstatt einen Verwaltungsakt zu erlassen, einen öffentlich-rechtlichen Vertrag mit demjenigen schließen, an den sie sonst den Verwaltungsakt richten würde."

Realakt (schlichtes/tatsächliches Verwaltungshandeln): Ein Realakt ist eine öffentlich-rechtliche Maßnahme der Verwaltung, die nicht auf die Setzung von Rechtsfolgen, sondern auf einen tatsächlichen Erfolg gerichtet ist (Detterbeck 2015; Erbguth 2014). Hierunter fällt eine Vielzahl von Verhaltensmöglichkeiten der Verwaltung, z.B. Auskünfte, Ausgabe von Formularen, Abschleppen eines Kraftfahrzeugs, Straßenreinigung, Auszahlung eines Geldbetrages, Betreiben einer Kläranlage, die Ausstellung eines Ersatzführerscheins (vgl. VGH Kassel, LKV 92, 28; *aber:* Die Erteilung der Fahrerlaubnis selbst ist ein begünstigender Verwaltungsakt.), Herstellung und Unterhaltung öffentlicher Straßen und Plätze, Durchführung einer Dienstbesprechung, Vornahme einer Dienstfahrt, Warnungen, kritische Äußerungen.

Entscheidung „Warnung vor der Sekte" (BVerfG, Urteil vom 26.06.2002, 1 BvR 670/91):
Anm. d. Autorin: Zur Zulässigkeit staatlicher Verbraucherinformationen – Warnung vor einer Sekte als *destruktiv*, *pseudoreligiös* mit dem Vorwurf der Mitgliedermanipulation.

Leitsätze: „Das Grundrecht der Religions- und Weltanschauungsfreiheit aus Art. 4 Abs. 1 und 2 GG bietet keinen Schutz dagegen, dass sich der Staat und seine Organe mit den Trägern dieses Grundrechts sowie ihren Zielen und Aktivitäten öffentlich – auch kritisch – auseinander setzen. Diese Auseinandersetzung hat allerdings das Gebot religiös-weltanschaulicher Neutralität des Staates zu wahren und muss daher mit Zurückhaltung geschehen. Diffamierende, diskriminierende oder verfälschende Darstellungen einer religiösen oder weltanschaulichen Gemeinschaft sind dem Staat untersagt. Die Bundesregierung ist aufgrund ihrer Aufgabe der Staatsleitung überall dort zur Informationsarbeit berechtigt, wo ihr eine gesamtstaatliche Verantwortung zukommt, die mit Hilfe von Informationen wahrgenommen werden kann. Für das Informationshandeln der Bundesregierung im Rahmen der Staatsleitung bedarf es über die Zuweisung der Aufgabe der Staatsleitung hinaus auch dann keiner besonderen gesetzlichen Ermächtigung, wenn es zu mittelbarfaktischen Grundrechtsbeeinträchtigungen führt."

Entscheidung „Glykol – Beschluss" (BVerfGE 105, 252, Beschluss vom 26.06.2002):
Anm. d. Autorin: Rechtsgrundlage für behördliche Warnungen ist das Produktsicherungsgesetz (Bundesrecht). Im vorliegenden Fall hatte das Bundesgesundheitsministerium eine Liste mit Weinen herausgegeben, denen Glykol beigemischt war. Weinkellereien, die glykolhaltige Produkte hatten, wurden namentlich benannt. Das BVerfG hielt Art. 65 GG als *Kompetenznorm* für ausreichend, ohne dass es einer speziellen Rechtsgrundlage bedurfte.
Leitsätze:
„1. Marktbezogene Informationen des Staates beeinträchtigen den grundrechtlichen Gewährleistungsbereich der betroffenen Wettbewerber aus Art. 12 Abs. 1 GG nicht, sofern der Einfluss auf wettbewerbserhebliche Faktoren ohne Verzerrung der Marktverhältnisse nach Maßgabe der rechtlichen Vorgaben für staatliches Informationshandeln erfolgt. Verfassungsrechtlich von Bedeutung sind dabei das Vorliegen einer staatlichen Aufgabe und die Einhaltung der Zuständigkeitsordnung sowie die Beachtung der Anforderungen an die Richtigkeit und Sachlichkeit von Informationen.
2. Die Bundesregierung ist auf Grund ihrer Aufgabe der Staatsleitung überall dort zur Informationsarbeit berechtigt, wo ihr eine gesamtstaatliche Verantwortung zukommt, die mit Hilfe von Informationen wahrgenommen werden kann."

Entscheidung „Birkel-Nudeln: sog. Flüssig-Ei-Skandal" (OLG Stuttgart, NJW 1990, 2690, Urteil vom 21.03.1990):
Amtspflichtverletzung durch zutreffende Presseerklärung über mikrobiell verdorbene, aber nicht gesundheitsschädliche Teigwaren wegen der Erweckung eines falschen Eindrucks im Zusammenhang mit dem Flüssigei-Skandal („Birkel").

Entscheidung „Warnung vor der Jugendsekte – Osho-Rajneesh" (BVerfGE 105, 279, Beschluss vom 26.06.2002):
„Die Bejahung des Eingriffscharakters einer Maßnahme hat nicht notwendig zur Folge, dass diese auch Regelungscharakter hat. Denn ein Grundrechtseingriff setzt nicht eine finale, unmittelbare oder rechtliche Einwirkung auf den grundrechtlichen Schutzbereich voraus, sondern kann vielmehr auch bei mittelbarer oder nur faktischer Einwirkung vorliegen".

Entscheidung „Abschleppen eines Fahrzeugs durch die Polizei" (BVerwGE 138, 21, Urteil vom 23.09.2010; BVerwG, NVwZ 2009, 122, Urteil vom 25.09.2008):
Das Abschleppen eines verbotswidrig geparkten Fahrzeugs durch die Polizei ist eine Ersatzvornahme, d. h. ein Zwangsmittel, das einer Vollstreckungsbehörde gestattet, einen anderen mit der Vornahme einer Handlung auf Kosten des Pflichtigen zu beauftragen, wenn die Verpflichtung, eine Handlung vorzunehmen, nicht erfüllt wird und diese von einem anderen erfüllt werden kann (vertretbare Handlung, vgl. § 10 Verwaltungsvollstreckungsgesetz).

Die **Ersatzvornahme** wird in den meisten Fällen durch Einschaltung eines privaten Wirtschaftsunternehmens durchgeführt, das von der Vollstreckungsbehörde durch einen (privatrechtlichen) Werkvertrag beauftragt wird. Nach allgemeiner Auffassung ist die Ersatzvornahme mangels eigenständiger Regelung kein Veraltungsakt, sondern ein Realakt.

Das Abschleppen von Fahrzeugen als solches ist unverhältnismäßig, soweit zwar ein Verstoß gegen Verkehrszeichen vorliegt, es jedoch an einer konkreten Behinderung (des Verkehrs) fehlt. Allerdings werden an das Vorliegen der Behinderung keine strengen Anforderungen gestellt; so kann eine solche z. B. bereits in der Funktionsbeeinträchtigung einer Fußgängerzone zu erblicken sein (vgl. BVerwGE 90, 189; BVerwG, NJW 2002, 2122).

Entscheidung „Videoüberwachung öffentlicher Räume" (z. B. Marktplatz) im Innenstadtbereich von Mannheim (VG Karlsruhe, VR 2002, 281, Urteil vom 10.10.2001):
Anm. d. Autorin: Aufgrund von § 21 Abs. 3 des baden-württembergischen Polizeigesetzes hat die Polizei in Mannheim an mehreren öffentlichen Verkehrsräumen Videokameras zur Überwachung installiert. Die Aufnahmen werden für höchstens 48 Stunden gespeichert. Zur Begründung wurde auf die hohe Kriminalitätsrate und die Begehung zahlreicher Straftaten an den konkreten Bereichen der Innenstadt verwiesen. Das Gericht stellte klar, dass es sich bei der Videoüberwachung, auch soweit die Bilder aufgezeichnet werden, mangels einer rechtlichen Regelung nicht um Verwaltungsakte handelt, sondern um einen Realakt.

Entscheidung „Videoüberwachung öffentlicher Räume zulässig" (BVerfG, Beschluss vom 23.02.2007, BvR 2368/06):
„Es ist nicht ausgeschlossen, dass eine Videoüberwachung öffentlicher Einrichtungen mit Aufzeichnung des gewonnenen Bildmaterials auf der Grundlage einer hinreichend bestimmten und normenklaren Rechtsgrundlage materiell verfassungsmäßig sein kann, wenn für sie ein hinreichender Anlass besteht und Überwachung sowie Aufzeichnung insbesondere in räumlicher und zeitlicher Hinsicht und im Hinblick auf die Möglichkeit der Auswertung der Daten das Übermaßverbot wahren."

Entscheidung „Tötung eines Kampfhundes" (VG Frankfurt, NVwZ 2001, 1320, Urteil vom 23.05.2001):
Anm. d. Autorin: Ein streunender Hund fällt Menschen an, ohne dass ein Verantwortlicher anwesend ist. Die Polizei erschießt das Tier.
Aus den Gründen: „Die Feststellungsklage ist vorliegend die zutreffende Klageart, weil die angegriffene behördliche Maßnahme als tatsächliches Verwaltungshandeln zu beurteilen ist, mithin keinen Verwaltungsakt darstellt. (...) Vorliegend stellt nämlich die Tötungsanordnung bezüglich des Hundes keinen Verwaltungsakt dar, gegen den wegen seiner Erledigung vor Klageerhebung die Fortsetzungsfeststellungsklage zulässig wäre. Die Tötungsanordnung erschöpfte sich in der unmittelbaren Ausführung, so dass Anordnung und Maßnahme zusammenfallen, ohne dass es zu einer nach außen hin wirksamen Regelung wegen des rein tatsächlichen Vorgehens der Behörde gekommen ist."

Entscheidung „Faktischer Grundrechtseingriff" (BVerfGE 105, 279, Beschluss vom 26.06.2002):
„Ein Grundrechtseingriff setzt nicht eine finale, unmittelbare oder rechtliche Einwirkung auf den grundrechtlichen Schutzbereich voraus, sondern kann vielmehr auch bei mittelbarer oder nur faktischer Einwirkung vorliegen."

Entscheidung „Schutzumfang der Grundrechte" (OVG Sachsen, NVwZ-RR 2007, 68, Beschluss vom 29.11.2005):
„Grundrechte schützen unabhängig von der Rechtsnatur des (rechtswidrigen) Eingriffs und damit gleichermaßen gegen Verwaltungsakte und öffentlich-rechtliche Realakte."

Anforderungen an Rechtmäßigkeit

Im **Prüfungsaufbau bei Realakten** gilt Art. 20 Abs. 3 GG (Bindung der Verwaltung an Gesetz und Recht) auch für den behördlichen Realakt (Maurer 2011), d. h., auch Realakte müssen rechtmäßig sein. Es gelten folgende Anforderungen an die Rechtmäßigkeit eines Realaktes (vgl. BVerwG, NJW 89, 2272, 2274 „Sektenwarnung"; ausführlich zur Prüfung der Rechtmäßigkeit eines Realaktes und der Frage des Gesetzesvorbehalts):

1 Rechtsgrundlage (Gesetzesvorbehalt, Art. 20 Abs. 3 GG),
2 formelle Rechtmäßigkeit (insbesondere Zuständigkeit) und
3 materielle Rechtmäßigkeit (u. a. Übermaßverbot, Grundsatz der Verhältnismäßigkeit).

Satzung: Eine Satzung besteht aus **Rechtsnormen** (abstrakt-generell, ist also – anders als ihre Anwendung – nicht auf einen konkreten Einzelfall bezogen), die von der **Selbstverwaltungskörperschaft** als rechtlich selbstständige Organisation (z. B. Gemeinde, Universitäten, IHK, Rundfunkanstalten) zur Regelung der eigenen Angelegenheiten erlassen werden (Erbguth 2014), z. B. Schwimmbadsatzung. Es bedarf einer staatlichen Verleihung der Satzungskompetenz (z. B. durch die vom Landesgesetzgeber beschlossene Gemeindeordnung, einem Landesgesetz).

Rechtsverordnung: Bei der Rechtsverordnung handelt es sich um von der Verwaltung aufgrund gesetzlicher Ermächtigung erlassener **Rechtsnormen zur Regelung staatlicher Angelegenheiten** (Detterbeck 2015). Sie werden also nicht vom parlamentarischen Gesetzgeber, sondern von der **Exekutive** auf der Grundlage einer durch ein förmliches Gesetz erteilten Ermächtigung erlassen (Erbguth 2014). Die Voraussetzungen der Verordnungsermächtigung finden sich in Art. 80 Abs. 1 GG (z. B. StVO).

Verwaltungsvorschriften: Verwaltungsvorschriften sind von einer Behörde an nachgeordnete Behörden gerichtete allgemeine (**verwaltungs-)interne Regeln** zur Vereinheitlichung der Verwaltungstätigkeit (Detterbeck 2015). Die Ermächtigung ergibt sich hier aus der allgemeinen Geschäftsleitungs- und Organisationsgewalt (Erbguth 2014).

Privatrechtliches Handeln: Der **Staat** kann schließlich **wie ein Bürger** am Rechtsverkehr teilnehmen. Dies kommt insbesondere bei einer erwerbswirtschaftliche Betätigung der Verwaltung in Betracht (Detterbeck 2015), nämlich der Staat als Kunde (z. B. Gemeinde verkauft Grundstück) oder Unternehmer (Erbguth 2014) (z. B. städtische GmbH). Es gelten dann die allgemeinen Regeln des Privatrechts, ohne jede Sonderbehandlung der Verwaltung (Abb. 7).

Handlungsformen der Verwaltung

- **Verwaltungsakt, § 31 SGB X**; jede hoheitliche Maßnahme auf dem Gebiet des öffentlichen Rechts zur Regelung eines Einzelfalles mit Außenwirkung
- **Öffentlich-rechtlicher Vertrag, §§ 53 ff. SGB X**; koordinationsrechtliche und subordinationsrechtliche Verträge der Verwaltung
- **Satzung,** Rechtsnormen, die von der Selbstverwaltungskörperschaft zur Regelung der eigenen Angelegenheiten erlassen werden
- **Rechtsverordnung,** von der Verwaltung aufgrund gesetzlicher Ermächtigung erlassene Rechtsnormen
- **Verwaltungsvorschriften,** von einer Behörde an nachgeordnete Behörden gerichtete allgemeine Regeln zur Vereinheitlichung der Verwaltungstätigkeit, z.B. Ermessensrichtlinien
- **Realakt,** Handlungen der Verwaltung, die auf tatsächlichen Erfolg gerichtet sind, z.B. Straßenreinigung, Warnung, Auskünfte
- **Privatrechtliches Handeln,** erwerbswirtschaftliche Betätigung der Verwaltung, d.h. Staat als Kunde oder Unternehmer

Abb. 7: Handlungsmöglichkeiten der Verwaltung

5.3 Eingriffe als Verwaltungsakt

Eingriffe erfolgen in der Regel durch einen Verwaltungsakt.

§§

Begriff des Verwaltungsakts (§ 31 SGB X)

„Verwaltungsakt ist jede Verfügung, Entscheidung oder andere hoheitliche Maßnahme, die eine Behörde zur Regelung eines Einzelfalls auf dem Gebiet des öffentlichen Rechts trifft und die auf unmittelbare Rechtswirkung nach außen gerichtet ist.
Allgemeinverfügung ist ein Verwaltungsakt, der sich an einen nach allgemeinen Merkmalen bestimmten oder bestimmbaren Personenkreis richtet oder die öffentlich-rechtliche Eigenschaft einer Sache oder ihre Benutzung durch die Allgemeinheit betrifft."

5.3.1 Verschiedene Arten von Verwaltungsakten

Formen nach Inhalt und Zweck

Der Begriff des *Verwaltungsakts* und der Sonderform der Allgemeinverfügung ist im Gesetz definiert. Je nach Inhalt und Zweck lässt sich weiter differenzieren:

Befehlende Verwaltungsakte: Sie enthalten ein Ge- oder Verbot (Verfügung) oder verpflichten den Betroffenen zu einem bestimmten Verhalten (Tun, Dulden oder Unterlassen), z. B. Gebot, sich bei einem Beschäftigungsträger zu melden (Detterbeck 2015).

Gestaltende Verwaltungsakte: Sie begründen, ändern oder beseitigen ein Rechtsverhältnis (Detterbeck 2015), z. B. Ernennung, Beförderung oder Entlassung eines Beamten, Erteilung/Entziehung einer Fahrerlaubnis.

Feststellende Verwaltungsakte: Sie legen einen Anspruch oder eine rechtserhebliche Eigenschaft einer Person oder Sache verbindlich fest (Schmidt 2015b), z. B. Feststellung des Schwerbehindertengrades.

Verwaltungsakte mit Doppelwirkung: Sie wirken für den Betroffenen sowohl begünstigend als auch belastend (Detterbeck 2015), z. B. Teilgenehmigung, Entziehung des Kindergeldes.

Mehrstufige Verwaltungsakte: Sie ergehen mit Zustimmung anderer Behörden (Schmidt 2015b).

Verwaltungsakte mit Drittwirkung: Sie wirken auch gegenüber Dritten, z. B. Baugenehmigung belastet (Sicht, Zugang usw.) auch den Nachbarn (Detterbeck 2015).

Daneben kann es weitere **Sonderformen** geben, etwa den **streitentscheidenden Verwaltungsakt**.

Eine besondere Form des Verwaltungsakts ist die **Allgemeinverfügung** (Detterbeck 2015); § 31 Abs. 2 SGB X). Hierzu zählen z. B. Verkehrsschilder (vgl. BVerwGE 27, 181: Verkehrsschilder sind „eine sich ständig wiederholende Allgemeinverfügung, die an die jeweils anwesenden Verkehrsteilnehmer gerichtet ist und einen Ersatz für entsprechende Verkehrsregelungen durch Polizisten darstellt.“), Versammlungsverbote, Benutzungsregeln für Schwimmbäder, Abrissverfügungen und Ausweisungsverfügungen.

Entscheidung „Knüppelschlag des Polizeivollzugsbeamten im Zusammenhang mit den sog. „Schwabinger Krawallen“ (BVerwGE 26, 161, Urteil vom 09.02.1967):
Anm. d. Autorin: Der Kläger wurde bei einem Polizeieinsatz von Polizeibeamten mit Hiebwaffen geschlagen, nachdem dieser einer Aufforderung der Polizei zur Räumung der Straße (Platzverweis) mit der Androhung unmittelbaren Zwangs nicht folgte.
Aus den Gründen: „Dieses Vorgehen war nicht nur rein tatsächliches Handeln, sondern erfüllt (…) die Begriffsmerkmale des Verwaltungsaktes. (…) Die Polizei kann nicht nur durch schriftlichen oder mündlichen Verwaltungsakt, sondern auch durch konkludentes Verhalten mittels Anwendung körperlicher Gewalt die betroffenen Bürger zu einem bestimmten Verhalten veranlassen (…)“

Entscheidung „Demonstrationen gegen die atomare Wiederaufbereitungsanlage in Wackersdorf“ (VGH München, NVwZ 1988, 1055, Urteil vom 16.05.1988):
Anm. d. Autorin: Der Kläger nahm an der Demonstration friedlich teil, wobei mehrmals die Aufforderung der Polizei erging, das Gelände zu verlassen. Da der Kläger der Aufforderung nicht nachkam, wurde er von mehreren starken Wasserstößen aus den Wasserwerfern der Polizei an den Beinen, am Rücken und Hinterkopf getroffen.

Aus den Gründen: „Denn wenn die Anordnung, eine polizeiliche Zwangsmaßnahme zu dulden, wegen der darin ausgesprochenen Regelung eines Eingriffs in ein Grundrecht zweifelsfrei ein Verwaltungsakt ist, kann die unter Verzicht auf eine solche Duldungsanordnung unmittelbar durchgeführte Zwangsmaßnahme, die direkt in ein Grundrecht eingreift, rechtlich nicht anders beurteilt werden. (…) Es handelte sich um einen ‚Verwaltungsakt der Reizstoffanwendung'."

Entscheidung „Verkehrszeichen als Allgemeinverfügungen i. S. d. § 35 S. 2 Alt. 3 VwVfG" (vgl. BVerwGE 102, 316; Urteil vom 11.12.1996):
Zwar enthält ein Halteverbotsschild grundsätzlich nur das Verbot, den gekennzeichneten Bereich mit Kfz zu befahren; da das Halteverbotsschild verbotswidriges Verhalten verhindern will, enthält es aber auch das Gebot, verbotswidrig abgestellte Fahrzeuge unverzüglich zu entfernen, um damit den verkehrsordnungsgemäßen Zustand wiederherzustellen.

Entscheidung „Lichtimmissionen einer (außerhalb des Privatgrundstücks installierten) Straßenleuchte" als schlicht-hoheitlichen Verwaltungshandelns (ohne Regelungswirkung)" (VGH Kassel, NJW 1989, 1500, Urteil vom 26.04.1988; OVG Lüneburg, NVwZ 1994, 713, Urteil vom 13.09.1993):
„Die Beleuchtung der innerörtlichen Verkehrsflächen ist eine öffentliche Aufgabe der Gemeinde, die in hoheitlicher Form wahrgenommen wird, insbesondere zur Gewährung der Verkehrssicherheit. (…) Der Durchführung eines förmlichen Vorverfahrens bedurfte es nicht, da nicht der Erlass eines Verwaltungsaktes, sondern ein sonstiges hoheitliches Tätigwerden der Verwaltung ohne Regelungscharakter begehrt wird."

5.3.2 Formelle Anforderungen an den Verwaltungsakt (§§ 33, 35 SGB X)

Form des Verwaltungsakts

Damit ein Verwaltungsakt rechtmäßig ist, muss er **inhaltlich hinreichend bestimmt** sein.

Er kann schriftlich, elektronisch, mündlich oder konkludent, also durch schlüssiges Verhalten erlassen werden. Die erlassende **Behörde** muss **erkennbar** sein (§ 33 SGB X; Reinhardt 2014).

Schließlich bedarf der Verwaltungsakt einer **Begründung** (§ 35 SGB X).

5.3.3 Wirksamkeit ab Bekanntgabe des Verwaltungsakts (§ 39 SGB X)

Der Verwaltungsakt ist dem Adressaten bekannt zu geben (Reinhardt 2014). Erst ab der Bekanntgabe ist er wirksam (§§ 37, 39 SGB X).

Anforderungen an die Bekanntmachung

Die Bekanntgabe muss durch die amtlich zuständige Behörde mit **Bekanntgabewillen** (keine reine Auskunft) veranlasst sein, und zwar an den Betroffenen persönlich (Adressat gemäß § 37 Abs. 1 SGB X). Sie muss in der gesetzlich vorgesehenen Form erfolgen (eine telefonische Vorabankündigung reicht nicht). Eine streng förmliche Bekanntgabe ist jedoch nur notwendig, wenn materielles Recht dies bestimmt oder sie von der Behörde angeordnet wird. Sie richtet sich dann nach dem Verwaltungszustellungsgesetz (VwZG). Anderenfalls kann die Bekanntgabe etwa auch mündlich erfolgen (z. B. Erklärung des Polizeibeamten).

Entscheidend für den Zeitpunkt der Bekanntgabe ist der **Zugang** der Erklärung. Die für die Frage des Zugangs einer Willenserklärung im Zivilrecht geltende Bestimmung des § 130 BGB kann analog herangezogen werden (Detterbeck 2015).

Die **Wirksamkeit eines Verkehrszeichens** tritt bereits durch seine Aufstellung nach den §§ 39 Abs. 2, 45 Abs. 4 StVO als besondere Form der öffentlichen Bekanntgabe ein (vgl. BVerwGE 102, 316, 318; VGH Mannheim, JZ 2009, 738).

5.3.4 Zugangsfiktionen

Zugang ohne persönliche Zustellung

In zwei besonderen **Ausnahmefällen** wird der Verwaltungsakt auch ohne persönliche Zustellung an den Adressaten, also auch dann wirksam, wenn er diesem unter Umständen tatsächlich gar nicht bekannt ist:

- Bei der schriftlichen Bekanntgabe im Inland ist die **Drei-Tage-Fiktion** gemäß § 37 Abs. 2 SGB X zu beachten. Ein Brief der Behörde gilt mit dem dritten Tag nach Aufgabe zur Post als förmlich zugestellt unabhängig davon, ob der Bürger den Brief erhalten hat (Fiktion) (Schmidt 2015b); gemäß § 62 SGB X ist die Berechnung der Frist nach § 64 SGG vorzunehmen.
- Daneben kommt ausnahmsweise eine **öffentliche Bekanntgabe** in Betracht (Schmidt 2015b), wenn Rechtsvorschriften dies gestatten (§ 37 Abs. 3 SGB X). Die öffentliche Bekanntgabe eines schriftlichen oder elektronischen Verwaltungsaktes wird dadurch bewirkt, dass sein verfügender Teil entweder ortsüblich oder in der sonst für amtliche Veröffentlichungen vorgeschriebenen Art bekannt gemacht wird (Schmidt 2015b). In der Bekanntmachung ist anzugeben, wo der Verwaltungsakt und seine Begründung eingesehen werden können. Der Verwaltungsakt gilt zwei Wochen nach der Bekanntmachung als bekannt gegeben. In einer Allgemeinverfügung kann ein hiervon abweichender Tag, jedoch frühestens der auf die Bekanntmachung folgende Tag bestimmt werden (§ 37 Abs. 4 SGB X).

5.3.5 Zweck der Bekanntgabe

Bekanntgabe führt zur Wirksamkeit

Wie gesehen, bewirkt die Bekanntgabe die **Wirksamkeit** des Verwaltungsaktes (§ 39 Abs. 1 SGB X; Detterbeck 2015). Der Adressat weiß jetzt, was die Verwaltung möchte oder beabsichtigt und kann sich darauf einstellen.

Der Zeitpunkt der Bekanntgabe ist zudem maßgeblich für den Beginn des **Fristenlaufs** (z. B. Widerspruch, Terminbestimmungen und Ladungen).

5.3.6 Formen der Zustellung

förmliche Zustellung, wenn vorgeschrieben

Die Bekanntgabe kann, soweit gesetzlich nicht anders bestimmt, **formlos** erfolgen. Ist eine bestimmte Form vorgeschrieben, ist sie von der Behörde selbstverständlich zu beachten, da es anderenfalls an einer wirksamen Zustellung fehlt. Über die Form der Zustellung entscheidet somit die Behörde unter Beachtung einschlägiger gesetzlicher Vorgaben.

Formen

Für die **förmliche Zustellung** hält das Verwaltungszustellungsgesetz verschiedene Alternativen bereit, die je nach gesetzlicher Vorgabe zu beachten sind:

- Schriftstück in **Urschrift**, Ausfertigung oder beglaubigter Abschrift (§ 2 Abs. 1 S. 1 VwZG; eine unbeglaubigte Kopie ist nicht ausreichend, auch nicht durch Zustellung per Einschreiben) (Engelhardt/Mosbacher et al. 2014; § 2 Rdn: 4–18);
- **Postzustellungsurkunde**, Beurkundung durch den Postbeamten (Engelhardt/Mosbacher et al. 2014; § 3 Rdn: 11 ff., § 3 VwZG);
- **Einschreiben** (in der PostO geregelt), kein Zugang, wenn das Einschreiben nicht abgeholt wird (Engelhardt/Mosbacher et al. 2014; § 4 Rdn: 4–16 ff., § 4 VwZG);
- **Empfangsbekenntnis**, nur durch Boten der Verwaltung möglich, bei Annahmeverweigerung erfolgt Zustellung durch Zurücklassen des Schriftstücks (Engelhardt/Mosbacher et al. 2014; § 5 Rdn: 3 III, §§ 5, 10 VwZG) und
- **öffentliche Zustellung**, nur zulässig, wenn Adressat nicht auffindbar ist (§ 15 VwZG).

Zustellung an Dritten

Die Zustellung ist gemäß § 8 VwZG auch an einen **Bevollmächtigten** (z. B. Rechtsanwalt) möglich, wenn die Vollmacht vorliegt.

tatsächlicher Zugang heilt Mängel

Zustellmängel sind gemäß § 9 VwZG **heilbar**, d. h., die Zustellung gilt ab dem Zeitpunkt als erfolgt, an dem der Adressat das Schreiben nachweislich erhalten hat (Engelhardt/Mosbacher et al. 2014; § 8 Rdn: 5–12).

5.4 Rechtsfehler und Folgen von Verwaltungsakten

Ein Verwaltungsakt soll im Interesse des Rechtsfriedens und des Vertrauensschutzes rechtsbeständig und damit **bestandskräftig** sein. Für das Sozialrecht steht dies in § 77 SGG.

§ 77 SGG

„Wird der gegen einen Verwaltungsakt gegebene Rechtsbehelf nicht oder erfolglos eingelegt, so ist der Verwaltungsakt für die Beteiligten in der Sache bindend, soweit durch Gesetz nichts anderes bestimmt ist."

fehlerhafter Verwaltungsakt

Ein Verwaltungsakt kann aber viele verschiedene Fehler aufweisen, auch wenn er bis zur Aufhebung grundsätzlich den Schein der Richtigkeit/Rechtmäßigkeit für sich hat. Denkbar sind z. B. Rechtschreibfehler, Rechenfehler, fehlende Unterschriften, falsche Adressaten, fehlende Behördenangabe, vergessene Seiten, Fehler bei der Anwendung der Rechtsvorschrift, falsche Sachverhalte, Ermessensfehler, Auslegungsirrtümer, Nichtbeachtung aktueller Rechtsprechung.

Rechtsfolgen

Die Rechtsfolgen richten sich nach der Schwere des Fehlers. Dabei gilt der Grundsatz, dass rechtswidrige Verwaltungsakte, und zwar auch bei offenbaren Unrichtigkeiten, und Rechtsfehler *nur* anfechtbar, aber wirksam (= angeordnete Rechtsfolge gilt) sind (Detterbeck 2015). Solange sie nicht aufgehoben werden, gelten sie (vgl. § 39 Abs. 2 SGB X).

Nur ausnahmsweise, nämlich bei besonders schwerwiegenden Fehlern, sind rechtswidrige Verwaltungsakte auch nichtig (§ 40 SGB X; Detterbeck 2015).

Weist ein Verwaltungsakt danach Fehler auf, so ist hinsichtlich der **Rechtsfolgen und Handlungsmöglichkeiten** zu unterscheiden.

5.4.1 Offenbare (unbeachtliche) Unrichtigkeiten (§ 38 SGB X)

einfache Korrektur offenbarer Fehler

Offenbare Unrichtigkeiten wie Schreibfehler, Rechenfehler oder Ähnliches können nach § 38 SGB X mit Wirkung *ex tunc* (lat., rückwirkend bezogen auf den Zeitpunkt des Erlasses des Verwaltungsaktes) ohne Weiteres berichtigt werden, soweit sie **nicht zu Rechtsfehlern geführt** haben (Detterbeck 2015). Diese Fehler werden durch Umdeutung (§ 43 SGB X) oder bei einer Säumnis durch Nachholung beseitigt. Die Berichtigung steht im Ermessen der Behörde.

Die Berichtigung selbst ist nicht Verwaltungsakt, es sei denn sie führt zu einer neuen Beschwerde der BürgerInnen durch Beseitigung des Verwaltungsakts.

Auch hier bleiben Verwaltungsakte bis zu einer möglichen Aufhebung im Rahmen der Korrektur wirksam (Kap. 5.3.3; § 39 Abs. 2 SGB X).

5.4.2 Rechtswidriger wirksamer Verwaltungsakt (§ 39 SGB X)

Grundsatz: Wirksamkeit trotz Rechtswidrigkeit

Verwaltungsakte sind insbesondere rechtswidrig bei Zuständigkeits- und Verfahrensfehlern, Formfehlern oder Inhaltsfehlern (z. B. Ermessensfehler oder falsche Rechtsanwendung).

Sie sind rechtswidrig und damit **anfechtbar**, sie bleiben aber bis zur Aufhebung wirksam (Kap. 5.3.3; § 39 Abs. 2 SGB X). Daneben hat die Behörde ihrerseits grundsätzlich die Möglichkeit, den Verwaltungsakt auch ohne Rechtsmittel des Betroffenen aufzuheben.

5.4.3 Rechtswidriger unwirksamer Verwaltungsakt (§ 40 SGB X)

Ausnahme: Unwirksamkeit bei Rechtswidrigkeit

Rechtswidrige Verwaltungsakte sind bei offensichtlichen, **besonders schweren Fehlern** *ausnahmsweise* ohne Weiteres, also auch ohne Rechtsmittel oder Tätigwerden der Behörde nichtig (§ 40 Abs. 1 SGB X). In § 40 Abs. 2 SGB X werden gesetzliche Nichtigkeitsgründe ohne Wertungsmöglichkeiten aufgelistet.

Ein nichtiger Verwaltungsakt ist unwirksam (§ 39 Abs. 3 SGB X) und entfaltet keine Wirkung.

5.4.4 Verfahrens- und Formfehler (§§ 41, 42 SGB X)

Heilung und Unbeachtlichkeit

Form- und Verfahrensfehler, die nicht zu einer Nichtigkeit des Verwaltungsakts gemäß § 40 SGB X führen und auch keinen Einfluss auf die Entscheidung hatten, können unter den Voraussetzungen der §§ 41 und 42 SGB X heilen bzw. unbeachtlich sein.

5.5 Aufhebung von Verwaltungsakten in der Sozialgerichtsbarkeit

Die Verwaltung kann zur Wahrnehmung ihrer Aufgaben gegenüber den BürgerInnen insbesondere Verwaltungsakte erlassen. Der Gesetzgeber hat geregelt, wann diese wirksam sind und welche Rolle ihre Rechtmäßigkeit spielt (Kap. 5.3 und 5.4). Es bedarf aber auch eines Verfahrens, in dem die BürgerInnen die Rechtmäßigkeit einer Maßnahme der Verwaltung überprüfen und gegebenenfalls korrigieren lassen können. Dies ist hier umso wichtiger, als eben auch rechtswidrige Verwaltungsakte, die in die Rechte der BürgerInnen eingreifen, grundsätzlich wirksam sind. Das entsprechende Verfahren bezieht die Behörde und die Gerichte mit ein.

5.5.1 Ausgangslage

Die Behörde kann Verwaltungsakte (nur) bei entsprechender **Rechtsgrundlage** von sich aus jederzeit abändern oder aufheben.

Der Adressat eines Verwaltungsakts kann jederzeit die Aufhebung eines Verwaltungsakts **beantragen** oder – wenn der Verwaltungsakt rechtswidrig ist – diesen fristgerecht **anfechten**.

Vorverfahren (Widerspruch)

Die Anfechtung des Verwaltungsakts erfolgt zunächst durch *Widerspruch* gegenüber der Behörde, die den Verwaltungsakt erlassen hat im **Vorverfahren** (Schmidt 2015c).

Das Sozialgerichtsgesetz kennt in gleicher Weise wie die Verwaltungsgerichtsordnung (§§ 68 ff. VwGO) ein Widerspruchsverfahren als Vorverfahren (§§ 78 ff. SGG). Das Widerspruchsverfahren findet unmittelbar im Verhältnis Behörde/Adressat bzw. Betroffener des Verwaltungsaktes statt und ist dem Gerichtsverfahren vorgeschaltet. Die Behörde erhält so Gelegenheit zur Überprüfung der eigenen Maßnahme.

Die **Erforderlichkeit** des Vorverfahrens regelt § 78 SGG. Ein Vorverfahren ist vor Erhebung der Anfechtungsklage und der Verpflichtungsklage durchzuführen (§ 78 Abs. 1, 3 SGG); ein Vorverfahren entfällt in den Fällen des § 78 Abs. 1 S. 2 Nr. 1–3 SGG.

§§

§ 78 SGG

„(1) Vor Erhebung der Anfechtungsklage sind Rechtmäßigkeit und Zweckmäßigkeit des Verwaltungsakts in einem Vorverfahren nachzuprüfen. Eines Vorverfahrens bedarf es nicht, wenn
1. ein Gesetz dies für besondere Fälle bestimmt oder
2. der Verwaltungsakt von einer obersten Bundesbehörde, einer obersten Landesbehörde oder von dem Vorstand der Bundesagentur

für Arbeit erlassen worden ist, außer wenn ein Gesetz die Nachprüfung vorschreibt, oder
3. ein Land, ein Versicherungsträger oder einer seiner Verbände klagen will.
(2) (…)
(3) Für die Verpflichtungsklage gilt Absatz 1 entsprechend, wenn der Antrag auf Vornahme des Verwaltungsakts abgelehnt worden ist."

Form und Frist des Widerspruchs regelt § 84 SGG.

§ 84 SGG

§§

„(1) Der Widerspruch ist binnen eines Monats, nachdem der Verwaltungsakt dem Beschwerten bekanntgegeben worden ist, schriftlich oder zur Niederschrift bei der Stelle einzureichen, die den Verwaltungsakt erlassen hat. Die Frist beträgt bei Bekanntgabe im Ausland drei Monate.
(2) Die Frist zur Erhebung des Widerspruchs gilt auch dann als gewahrt, wenn die Widerspruchsschrift bei einer anderen inländischen Behörde oder bei einem Versicherungsträger oder bei einer deutschen Konsularbehörde oder, soweit es sich um die Versicherung von Seeleuten handelt, auch bei einem deutschen Seemannsamt eingegangen ist. Die Widerspruchsschrift ist unverzüglich der zuständigen Behörde oder dem zuständigen Versicherungsträger zuzuleiten, der sie der für die Entscheidung zuständigen Stelle vorzulegen hat. Im übrigen gelten die §§ 66 und 67 entsprechend."

Form

Der Widerspruch, mit dem das Vorverfahren eingeleitet wird (§ 83 SGG), ist **schriftlich** oder zur Niederschrift einzulegen.

Frist

Der Widerspruch muss **innerhalb eines Monats** nach Bekanntgabe des Verwaltungsaktes (§ 37 SGB X) erhoben werden.

Bei nicht ordnungsgemäßer Belehrung über die Widerspruchsfrist verlängert sich diese auf ein Jahr (§§ 84 Abs. 2 S. 3 i. V. m. 66 SGG). War der Adressat des Verwaltungsakts unverschuldet an der Einlegung des Widerspruchs verhindert, kann er unter bestimmten Voraussetzungen Wiedereinsetzung in den vorigen Stand beantragen (§§ 84 Abs. 2 S. 3 i. V. m. 67 SGG).

Ort Der Widerspruch muss **bei** derjenigen **Behörde**, die den Verwaltungsakt erlassen hat, erhoben werden.

Die Widerspruchsfrist ist auch gewahrt, wenn der Widerspruch bei einer anderen inländischen Behörde eingegangen ist (§ 84 Abs. 2 S. 1 SGG), welche den Widerspruch unverzüglich an die zuständige Stelle weiterzuleiten hat.

5.5.2 Entscheidung (§ 85 SGG)

mögliche Entscheidungen Ist der Widerspruch begründet, ist ihm von der Behörde **abzuhelfen** (§ 85 Abs. 1 SGG). Andernfalls wird ein schriftlicher **Widerspruchsbescheid** erlassen (§ 85 Abs. 2, 3 SGG). Die Beteiligten sind hierbei über die Zulässigkeit der Klage, die einzuhaltende Frist und den Sitz des zuständigen Gerichts zu belehren (§ 85 Abs. 3 S. 3 SGG, *Rechtsmittelbelehrung*).

5.5.3 Aufhebung eines Bescheides

Rücknahme und Widerruf eines Verwaltungsakts Die Aufhebung eines Verwaltungsaktes durch die Behörde erfolgt durch *Rücknahme* oder *Widerruf*, je nachdem, ob der Verwaltungsakt rechtmäßig oder rechtswidrig ist (Ipsen 2015):

- War der **Verwaltungsakt rechtswidrig,** erfolgt die Aufhebung durch **Rücknahme** (§ 45 SGB X, § 44 SGB X).
- Beim **rechtmäßigen Verwaltungsakt** erfolgt die Aufhebung demgegenüber durch **Widerruf** (§ 47 SGB X, § 46 SGB X).

Einen Sonderfall bildet der Verwaltungsakt mit Dauerwirkung (§ 48 SGB X). Es kann zudem nach Regelungsinhalt und -wirkung noch zwischen belastendem (Nachteil für Adressat) und begünstigendem (Vorteil für Adressat) Verwaltungsakt unterschieden werden.

rechtswidrig belastender Verwaltungsakt **Rücknahme rechtswidriger *belastender* Verwaltungsakte (§ 44 SGB X):** Es handelt sich um einen Fall der **anfänglichen Rechtswidrigkeit** (Verwaltungsakt war von Beginn an rechtswidrig). Sozialleistungen (i. S. v. § 11 SGB I: Geld-, Sach- und Dienstleistung) wurden von der Behörde zu Unrecht nicht erbracht oder Beiträge zu Unrecht erhoben. Dies muss aufgrund unrichtiger Rechtsanwendung oder unzutreffenden Sachverhalts geschehen sein (Kausalität). Die **Nachleistungspflicht** ist zeitlich auf **vier Jahre** begrenzt (§ 44 Abs. 4 SGB X).

§ 44 SGB X

§§

„(1) Soweit sich im Einzelfall ergibt, dass bei Erlass eines Verwaltungsaktes das Recht unrichtig angewandt oder von einem Sachverhalt ausgegangen worden ist, der sich als unrichtig erweist, und soweit deshalb Sozialleistungen zu Unrecht nicht erbracht oder Beiträge zu Unrecht erhoben worden sind, ist der Verwaltungsakt, auch nachdem er unanfechtbar geworden ist, mit Wirkung für die Vergangenheit zurückzunehmen. Dies gilt nicht, wenn der Verwaltungsakt auf Angaben beruht, die der Betroffene vorsätzlich in wesentlicher Beziehung unrichtig oder unvollständig gemacht hat.
(2) Im Übrigen ist ein rechtswidriger nicht begünstigender Verwaltungsakt, auch nachdem er unanfechtbar geworden ist, ganz oder teilweise mit Wirkung für die Zukunft zurückzunehmen. Er kann auch für die Vergangenheit zurückgenommen werden.
(3) Über die Rücknahme entscheidet nach Unanfechtbarkeit des Verwaltungsaktes die zuständige Behörde; dies gilt auch dann, wenn der zurückzunehmende Verwaltungsakt von einer anderen Behörde erlassen worden ist.
(4) Ist ein Verwaltungsakt mit Wirkung für die Vergangenheit zurückgenommen worden, werden Sozialleistungen nach den Vorschriften der besonderen Teile dieses Gesetzbuches längstens für einen Zeitraum bis zu vier Jahren vor der Rücknahme erbracht. Dabei wird der Zeitpunkt der Rücknahme von Beginn des Jahres an gerechnet, in dem der Verwaltungsakt zurückgenommen wird. Erfolgt die Rücknahme auf Antrag, tritt bei der Berechnung des Zeitraumes, für den rückwirkend Leistungen zu erbringen sind, anstelle der Rücknahme der Antrag."

rechtswidrig begünstigender Verwaltungsakt

Rücknahme rechtswidriger *begünstigender* Verwaltungsakte (§ 45 SGB X): Auch hier geht es um **anfängliche Rechtswidrigkeit**.

§§

§ 45 SGB X

„(1) Soweit ein Verwaltungsakt, der ein Recht oder einen rechtlich erheblichen Vorteil begründet oder bestätigt hat (begünstigender Verwaltungsakt), rechtswidrig ist, darf er, auch nachdem er unanfechtbar geworden ist, nur unter den Einschränkungen der Absätze 2 bis 4 ganz oder teilweise mit Wirkung für die Zukunft oder für die Vergangenheit zurückgenommen werden.
(2) Ein rechtswidriger begünstigender Verwaltungsakt darf nicht zurückgenommen werden, soweit der Begünstigte auf den Bestand des Verwaltungsaktes vertraut hat und sein Vertrauen unter Abwägung mit dem öffentlichen Interesse an einer Rücknahme schutzwürdig ist. Das Vertrauen ist in der Regel schutzwürdig, wenn der Begünstigte erbrachte Leistungen verbraucht oder eine Vermögensdisposition getroffen hat, die er nicht mehr oder nur unter unzumutbaren Nachteilen rückgängig machen kann. Auf Vertrauen kann sich der Begünstigte nicht berufen, soweit
1. er den Verwaltungsakt durch arglistige Täuschung, Drohung oder Bestechung erwirkt hat,
2. der Verwaltungsakt auf Angaben beruht, die der Begünstigte vorsätzlich oder grob fahrlässig in wesentlicher Beziehung unrichtig oder unvollständig gemacht hat, oder
3. er die Rechtswidrigkeit des Verwaltungsaktes kannte oder infolge grober Fahrlässigkeit nicht kannte; grobe Fahrlässigkeit liegt vor, wenn der Begünstigte die erforderliche Sorgfalt in besonders schwerem Maße verletzt hat.
(3) Ein rechtswidriger begünstigender Verwaltungsakt mit Dauerwirkung kann nach Absatz 2 nur bis zum Ablauf von zwei Jahren nach seiner Bekanntgabe zurückgenommen werden. Satz 1 gilt nicht, wenn Wiederaufnahmegründe entsprechend § 580 der Zivilprozessordnung vorliegen. Bis zum Ablauf von zehn Jahren nach seiner Bekanntgabe kann ein rechtswidriger begünstigender Verwaltungsakt mit Dauerwirkung nach Absatz 2 zurückgenommen werden, wenn
1. die Voraussetzungen des Absatzes 2 Satz 3 Nr. 2 oder 3 gegeben sind oder
2. der Verwaltungsakt mit einem zulässigen Vorbehalt des Widerrufs erlassen wurde.

In den Fällen des Satzes 3 kann ein Verwaltungsakt über eine laufende Geldleistung auch nach Ablauf der Frist von zehn Jahren zurückgenommen werden, wenn diese Geldleistung mindestens bis zum Beginn des Verwaltungsverfahrens über die Rücknahme gezahlt wurde. War die Frist von zehn Jahren am 15. April 1998 bereits abgelaufen, gilt Satz 4 mit der Maßgabe, dass der Verwaltungsakt nur mit Wirkung für die Zukunft aufgehoben wird.
(4) Nur in den Fällen von Absatz 2 Satz 3 und Absatz 3 Satz 2 wird der Verwaltungsakt mit Wirkung für die Vergangenheit zurückgenommen. Die Behörde muss dies innerhalb eines Jahres seit Kenntnis der Tatsachen tun, welche die Rücknahme eines rechtswidrigen begünstigenden Verwaltungsaktes für die Vergangenheit rechtfertigen.
(5) § 44 Abs. 3 gilt entsprechend."

Die Rücknahme erfolgt mit Wirkung für die Zukunft oder für die Vergangenheit (Rücknahmeermessen der Behörde gemäß § 45 Abs. 1 SGB X). Dabei ist das Vertrauen in den Bestand des Verwaltungsaktes in der Regel schutzwürdig (aber durch Abs. 2–4 eingeschränkt), wenn Leistungen bereits verbraucht oder Vermögensdisposition betroffen sind (§ 45 Abs. 2 S. 2 SGB X).

Es gelten **Fristen** für die Rücknahme. Diese ist nur bis zum Ablauf von zwei Jahren nach Bekanntgabe des Verwaltungsakts zulässig. Ausnahmsweise gilt eine Zehnjahresfrist (§ 45 Abs. 3 SGB X).

Eine Rücknahme für die Vergangenheit ist nur möglich, wenn die Voraussetzungen des § 45 Abs. 2 S. 3 oder des § 45 Abs. 3 S. 2 SGB X vorliegen.

Gemäß § 45 Abs. 4 S. 2 SGB X muss die Behörde zudem **innerhalb eines Jahres** seit Kenntnis der Tatsachen, die die Rücknahme eines rechtswidrigen begünstigenden Verwaltungsaktes für die Vergangenheit rechtfertigen, tätig werden. Danach kann sie den Verwaltungsakt nur für die Zukunft aufheben.

Der Vertrauensschutz erfolgt hier also nicht über den Bestandsschutz, sondern über den **Vermögensschutz**, es sei denn, es ist kein Ausgleich in Geld möglich.

In § 50 SGB X ist die **Erstattungspflicht** zu Unrecht erhaltener Leistungen geregelt.

Entscheidung „Zur Erstattung zu Unrecht erbrachter Leistungen bei grober Fahrlässigkeit des Leistungsempfängers" (BSG, Urteil vom 22.08.2012, B 14 AS 165/11 R):

„Ergänzend ist darauf hinzuweisen, dass § 50 Abs. 2 SGB X nur die Fälle regelt, in denen Leistungen ohne einen Verwaltungsakt aufgrund eines öffentlich-rechtlichen Leistungsverhältnisses zwischen dem Empfänger und dem Leistungsträger zu Unrecht erbracht werden. Unter die Regelung des § 50 Abs. 2 SGB X fällt daher nicht jede Zahlung eines Leistungsträgers an einen Dritten.

Vielmehr muss eine versicherungsrechtliche Leistungsbeziehung zwischen dem Dritten und dem Leistungsträger bestehen. Eine solche bestand hier zwischen dem Kläger und der Beklagten, da diese dem Kläger die Regelleistungen nach §§ 19, 20 SGB II gewährte. (...) Bei der Entscheidung über die Erstattung hatte die Beklagte schließlich kein Ermessen auszuüben. Der gemäß § 40 Abs. 1 Nr. 1 SGB II hier entsprechend anzuwendende § 330 Abs. 2 SGB III bestimmt nämlich als Sonderregelung für die Aufhebung von Verwaltungsakten, dass ein Verwaltungsakt auch mit Wirkung für die Vergangenheit zurückzunehmen ist, wenn die in § 45 Abs. 2 Satz 3 SGB X genannten Voraussetzungen für die Rücknahme eines rechtswidrigen begünstigenden Verwaltungsaktes vorliegen. Zwar geht es hier nicht um die Zurücknahme eines Verwaltungsaktes. Da § 50 Abs. 2 SGB X für die Erstattung von ohne Verwaltungsakt zu Unrecht erbrachten Leistungen aber anordnet, dass die §§ 45 und 48 SGB X entsprechend gelten, muss, wenn der Leistungsempfänger sich, wie hier, wegen seiner qualifizierten Bösgläubigkeit nach § 45 Abs. 2 Satz 3 SGB X nicht auf Vertrauen berufen kann, § 330 Abs. 2 SGB III dahingehend ausgelegt werden, dass die Vorschrift auch den Fall der Erstattung ohne Verwaltungsakt zu Unrecht gezahlter Leistungen erfasst, wenn für diese Erstattung der entsprechend anzuwendende § 45 Abs. 2 Satz 3 SGB X erfüllt ist . Es wäre nicht verständlich, wenn die Beklagte Empfänger von Leistungen ohne gesicherte Rechtsposition anders als Empfänger von Leistungen aufgrund Verwaltungsaktes nur unter erschwerten Bedingungen, nämlich erst nach Ausübung von Ermessen zur Erstattung herziehen könnte (Urteil des Senats vom 10. Oktober 2006 L 13 AL 3133/05)."

Entscheidung „Leistungen aus öffentlich-rechtlichem Vertrag" (VG Braunschweig; Urteil vom 21.05.2008, 1 A 214/07):

Leitsätze:

„1. Ansprüche aus einem öffentlich-rechtlichen Zuwendungsvertrag können, wenn im Vertrag selbst nichts anderes bestimmt ist, mangels Ermächtigungsgrundlage nicht durch Bescheid, sondern nur mittels Leistungsklage geltend gemacht werden.
2. § 50 Abs. 3 SGB X ist nicht auf die Rückforderung von Leistungen anwendbar, die aufgrund eines öffentlich-rechtlichen Vertrages gewährt werden."

rechtmäßig belastender Verwaltungsakt

Widerruf rechtmäßiger *belastender* Verwaltungsakte (§ 46 SGB X): Da der Adressat hier nicht in seinen Rechten verletzt ist, liegt der Widerruf im **Ermessen** der Behörde (*kann*). Die Regelung findet aber konsequenterweise nur auf Ermessensentscheidungen Anwendung, gilt also nicht, wenn der Verwaltungsakt direkt wieder erlassen werden müsste (z.B. wegen Ermessensreduzierung). Der Widerruf wirkt nur für die Zukunft (lat.: *ex nunc*) und ist im Sozialrecht relativ selten.

§§

§ 46 SGB X
„(1) Ein rechtmäßiger nicht begünstigender Verwaltungsakt kann, auch nachdem er unanfechtbar geworden ist, ganz oder teilweise mit Wirkung für die Zukunft widerrufen werden, außer wenn ein Verwaltungsakt gleichen Inhalts erneut erlassen werden müsste oder aus anderen Gründen ein Widerruf unzulässig ist.
(2) § 44 Abs. 3 gilt entsprechend."

rechtmäßig begünstigender Verwaltungsakt

Widerruf rechtmäßiger *begünstigender* Verwaltungsakte (§ 47 SGB X): Die Regelung begründet ein **Entschließungs- und Auswahlermessen**. Der Widerruf wirkt grundsätzlich nur für die Zukunft und nur ausnahmsweise auch für die Vergangenheit.

§§

§ 47 SGB X

„(1) Ein rechtmäßiger begünstigender Verwaltungsakt darf, auch nachdem er unanfechtbar geworden ist, ganz oder teilweise mit Wirkung für die Zukunft nur widerrufen werden, soweit

1. der Widerruf durch Rechtsvorschrift zugelassen oder im Verwaltungsakt vorbehalten ist,
2. mit dem Verwaltungsakt eine Auflage verbunden ist und der Begünstigte diese nicht oder nicht innerhalb einer ihm gesetzten Frist erfüllt hat.
(2) Ein rechtmäßiger begünstigender Verwaltungsakt, der eine Geld- oder Sachleistung zur Erfüllung eines bestimmten Zweckes zuerkennt oder hierfür Voraussetzung ist, kann, auch nachdem er unanfechtbar geworden ist, ganz oder teilweise auch mit Wirkung für die Vergangenheit widerrufen werden, wenn
1. die Leistung nicht, nicht alsbald nach der Erbringung oder nicht mehr für den in dem Verwaltungsakt bestimmten Zweck verwendet wird,
2. mit dem Verwaltungsakt eine Auflage verbunden ist und der Begünstigte diese nicht oder nicht innerhalb einer ihm gesetzten Frist erfüllt hat.
Der Verwaltungsakt darf mit Wirkung für die Vergangenheit nicht widerrufen werden, soweit der Begünstigte auf den Bestand des Verwaltungsaktes vertraut hat und sein Vertrauen unter Abwägung mit dem öffentlichen Interesse an einem Widerruf schutzwürdig ist. Das Vertrauen ist in der Regel schutzwürdig, wenn der Begünstigte erbrachte Leistungen verbraucht oder eine Vermögensdisposition getroffen hat, die er nicht mehr oder nur unter unzumutbaren Nachteilen rückgängig machen kann. Auf Vertrauen kann sich der Begünstigte nicht berufen, soweit er die Umstände kannte oder infolge grober Fahrlässigkeit nicht kannte, die zum Widerruf des Verwaltungsaktes geführt haben. § 45 Abs. 4 Satz 2 gilt entsprechend.
(3) § 44 Abs. 3 gilt entsprechend."

Sonderfall beim Verwaltungsakt

Verwaltungsakte mit Dauerwirkung (§ 48 SGB X): Die Bestimmung regelt den Sonderfall eines Verwaltungsakts über eine laufende (wiederkehrende) Geldleistung (Dauerbescheid), bei dem sich Verhältnisse geändert haben. Bei Sozialleistungen ist derjenige, der diese beantragt hat u. a. verpflichtet, Änderungen in den Verhältnissen, die für die Leistung erheblich sind oder über die im Zusammenhang mit der Leistung Erklärungen abgegeben worden sind, unverzüglich mitzuteilen (§ 60 Abs. 1b) SGB I).

§ 48 SGB X

§§

„(1) Soweit in den tatsächlichen oder rechtlichen Verhältnissen, die beim Erlass eines Verwaltungsaktes mit Dauerwirkung vorgelegen haben, eine wesentliche Änderung eintritt, ist der Verwaltungsakt mit Wirkung für die Zukunft aufzuheben. Der Verwaltungsakt soll mit Wirkung vom Zeitpunkt der Änderung der Verhältnisse aufgehoben werden, soweit

1. die Änderung zugunsten des Betroffenen erfolgt,
2. der Betroffene einer durch Rechtsvorschrift vorgeschriebenen Pflicht zur Mitteilung wesentlicher für ihn nachteiliger Änderungen der Verhältnisse vorsätzlich oder grob fahrlässig nicht nachgekommen ist,
3. nach Antragstellung oder Erlass des Verwaltungsaktes Einkommen oder Vermögen erzielt worden ist, das zum Wegfall oder zur Minderung des Anspruchs geführt haben würde, oder
4. der Betroffene wusste oder nicht wusste, weil er die erforderliche Sorgfalt in besonders schwerem Maße verletzt hat, dass der sich aus dem Verwaltungsakt ergebende Anspruch kraft Gesetzes zum Ruhen gekommen oder ganz oder teilweise weggefallen ist.

Als Zeitpunkt der Änderung der Verhältnisse gilt in Fällen, in denen Einkommen oder Vermögen auf einen zurückliegenden Zeitraum auf Grund der besonderen Teile dieses Gesetzbuches anzurechnen ist, der Beginn des Anrechnungszeitraumes.

(2) Der Verwaltungsakt ist im Einzelfall mit Wirkung für die Zukunft auch dann aufzuheben, wenn der zuständige oberste Gerichtshof des Bundes in ständiger Rechtsprechung nachträglich das Recht anders auslegt als die Behörde bei Erlass des Verwaltungsaktes und sich dieses zugunsten des Berechtigten auswirkt; § 44 bleibt unberührt.

(3) Kann ein rechtswidriger begünstigender Verwaltungsakt nach § 45 nicht zurückgenommen werden und ist eine Änderung nach Absatz 1 oder 2 zugunsten des Betroffenen eingetreten, darf die neu festzustellende Leistung nicht über den Betrag hinausgehen, wie er sich der Höhe nach ohne Berücksichtigung der Bestandskraft ergibt. Satz 1 gilt entsprechend, soweit einem rechtmäßigen begünstigenden Verwaltungsakt ein rechtswidriger begünstigender Verwaltungsakt zugrunde liegt, der nach § 45 nicht zurückgenommen werden kann.

(4) § 44 Abs. 3 und 4, § 45 Abs. 3 Satz 3 bis 5 und Abs. 4 Satz 2 gelten entsprechend. § 45 Abs. 4 Satz 2 gilt nicht im Fall des Absatzes 1 Satz 2 Nr. 1.“

Grundfall der Regelung ist die Aufhebung bei nachträglicher Veränderung der Verhältnisse. Es müssen die Voraussetzungen nach § 48 Abs. 1 S. 2 Nrn. 1 bis 4 SGB X vorliegen. Die Aufhebung erfolgt entweder für die Zukunft oder ausnahmsweise vom Zeitpunkt der Änderung der Ereignisse an (vgl. § 48 Abs. 2 SGB X). Das Gesetz gibt bestimmte Kriterien alternativ (*oder*) vor, bei deren Vorliegen auf den früheren Zeitpunkt abgestellt werden *soll*. Die Entscheidung steht in diesem Rahmen im Ermessen der Behörde, die zudem den Gesichtspunkt schutzwürdigen Vertrauens des betroffenen Bürgers zu beachten hat.

Es gilt folgender Grundsatz: Bei Bösgläubigkeit des Leistungsempfängers wird ein Mitverschulden der Behörde nicht berücksichtigt (vgl. Landessozialgerichte: Landessozialgericht für das Saarland, Urteil vom 5. August 2011, – L 6 AL 21/09; Bayerisches Landessozialgericht, Urteil vom 29. Juli 2004, – L 9 AL 381/02 – sowie Landessozialgericht für das Land Nordrhein-Westfalen, Urteil vom 28. Januar 2004 – L 12 AL 115/03 –; Landessozialgericht Baden Württemberg vom 10. Oktober 2006 L 13 AL 3133/05).

Wenn es um die **Rückforderung** von Leistungen nach dem SGB II und SGB III geht, erfolgt die Aufhebung eines Verwaltungsaktes nach § 40 Abs. 2 Nr. 2 SGB II und §330 SGB III nur für die Zukunft. Jedoch findet § 40 Abs. 2 S. 1 SGB II keine Beachtung, wenn die Voraussetzungen des § 45 Abs. 2 S. 3 SGB X vorliegen (§ 40 Abs. 2 S. 2 SGB II) vorliegen.

Für die **Aufhebung** gilt die **Jahresfrist** seit Kenntnis der Behörde (§ 48 Abs. 4 i. V. m. § 45 Abs. 4 S. 2 SGB X).

Entscheidung „Erstattung zu Unrecht erbrachter Leistungen bei grober Fahrlässigkeit des Leistungsempfängers“ (BSG, Urteil vom 22.08.2012, B 14 AS 165/11 R):
„Nach § 48 Abs. 4 Satz 1 SGB X gilt § 45 Abs. 4 Satz 2 SGB X entsprechend. Nach dieser Vorschrift muss ein Verwaltungsakt von der zuständigen Behörde innerhalb eines Jahres seit Kenntnis der Tatsachen zurückgenommen werden, welche die Rücknahme eines rechtswidrigen begünstigenden Verwaltungsaktes für die Vergangenheit rechtfertigen. Unter Tatsachen sind dabei alle tatsächlichen Umstände zu verstehen, die zur Aufhebbarkeit des begünstigenden

Verwaltungsaktes erforderlich sind. Dies sind zunächst alle Tatsachen, aus denen sich ergibt, dass ein begünstigender Verwaltungsakt ohne Rechtsgrund erlassen worden ist, also ganz oder teilweise rechtswidrig ist. Dabei kommt es bei einer Überzahlung wegen der Nichtkenntnis der genauen Einkommenshöhe auf den Zeitpunkt der tatsächlichen Kenntnis an. Die Tatsache der Einkommenserzielung muss dabei bei der für die Sachbearbeitung zuständigen Stelle der Behörde aktenkundig werden, da nur diese Stelle prüfen kann, ob die Tatsachen die Rücknahme des betreffenden Verwaltungsaktes rechtfertigen."

Anm. d. Autorin: Nach der Rechtsprechung des Bundessozialgerichts beginnt die Jahresfrist des § 45 Abs. 4 S. 2 SGB X erst dann zu laufen, wenn die Behörde entweder objektiv eine sichere Kenntnis der Tatsachen hatte, die die Rücknahme eines rechtswidrigen begünstigenden Verwaltungsaktes für die Vergangenheit rechtfertigen, oder subjektiv von der Richtigkeit und Vollständigkeit der ihr vorliegenden Informationen überzeugt ist; dies sei regelmäßig erst nach der gemäß § 24 SGB X durchgeführten Anhörung des Betroffenen der Fall. (vgl. BSG, Urteil vom 08. Februar 1996 – 13 RJ 35/94 –, BSGE 77, 295–303; BSG vom 25.1.1994 – 7 RAr 14/93 = BSGE 74, 20 = SozR 3–1300 § 48 Nr. 32).

Entscheidung „Erstattung zu Unrecht erbrachter Leistungen bei grober Fahrlässigkeit des Leistungsempfängers" (BSG, Urteil vom 22.08.2012, B 14 AS 165/11 R):

„Ergänzend ist darauf hinzuweisen, dass § 50 Abs. 2 SGB X nur die Fälle regelt, in denen Leistungen ohne einen Verwaltungsakt aufgrund eines öffentlich-rechtlichen Leistungsverhältnisses zwischen dem Empfänger und dem Leistungsträger zu Unrecht erbracht werden. Unter die Regelung des § 50 Abs. 2 SGB X fällt daher nicht jede Zahlung eines Leistungsträgers an einen Dritten. Vielmehr muss eine versicherungsrechtliche Leistungsbeziehung zwischen dem Dritten und dem Leistungsträger bestehen. Eine solche bestand hier zwischen dem Kläger und der Beklagten, da diese dem Kläger die Regelleistungen nach §§ 19, 20 SGB II gewährte. (...) Bei der Entscheidung über die Erstattung hatte die Beklagte schließlich kein Ermessen auszuüben. Der gemäß § 40 Abs. 1 Nr. 1 SGB II hier entsprechend anzuwendende § 330 Abs. 2 SGB III bestimmt nämlich als Sonderregelung für die Aufhebung von Verwaltungsakten, dass ein Verwaltungsakt auch mit Wirkung für die Vergangenheit zurückzunehmen ist, wenn die in § 45 Abs. 2 Satz 3 SGB X genannten

Voraussetzungen für die Rücknahme eines rechtswidrigen begünstigenden Verwaltungsaktes vorliegen. Zwar geht es hier nicht um die Zurücknahme eines Verwaltungsaktes. Da § 50 Abs. 2 SGB X für die Erstattung von ohne Verwaltungsakt zu Unrecht erbrachten Leistungen aber anordnet, dass die §§ 45 und 48 SGB X entsprechend gelten, muss, wenn der Leistungsempfänger sich, wie hier, wegen seiner qualifizierten Bösgläubigkeit nach § 45 Abs. 2 Satz 3 SGB X nicht auf Vertrauen berufen kann, § 330 Abs. 2 SGB III dahingehend ausgelegt werden, dass die Vorschrift auch den Fall der Erstattung ohne Verwaltungsakt zu Unrecht gezahlter Leistungen erfasst, wenn für diese Erstattung der entsprechend anzuwendende § 45 Abs. 2 Satz 3 SGB X erfüllt ist. Es wäre nicht verständlich, wenn die Beklagte Empfänger von Leistungen ohne gesicherte Rechtsposition anders als Empfänger von Leistungen aufgrund Verwaltungsaktes nur unter erschwerten Bedingungen, nämlich erst nach Ausübung von Ermessen zur Erstattung herziehen könnte (Urteil des Senats vom 10. Oktober 2006 L 13 AL 3133/05)."

5.6 Nebenbestimmungen zum Verwaltungsakt (§ 32 SGB X)

§§

§ 32 Nebenbestimmungen zum Verwaltungsakt

„(1) Ein Verwaltungsakt, auf den ein Anspruch besteht, darf mit einer Nebenbestimmung nur versehen werden, wenn sie durch Rechtsvorschrift zugelassen ist oder wenn sie sicherstellen soll, dass die gesetzlichen Voraussetzungen des Verwaltungsaktes erfüllt werden.

(2) Unbeschadet des Absatzes 1 darf ein Verwaltungsakt nach pflichtgemäßem Ermessen erlassen werden mit

1. einer Bestimmung, nach der eine Vergünstigung oder Belastung zu einem bestimmten Zeitpunkt beginnt, endet oder für einen bestimmten Zeitraum gilt (Befristung),
2. einer Bestimmung, nach der der Eintritt oder der Wegfall einer Vergünstigung oder einer Belastung von dem ungewissen Eintritt eines zukünftigen Ereignisses abhängt (Bedingung),
3. einem Vorbehalt des Widerrufs oder verbunden werden mit

4. einer Bestimmung, durch die dem Begünstigten ein Tun, Dulden oder Unterlassen vorgeschrieben wird (Auflage),
5. einem Vorbehalt der nachträglichen Aufnahme, Änderung oder Ergänzung einer Auflage.
(3) Eine Nebenbestimmung darf dem Zweck des Verwaltungsaktes nicht zuwiderlaufen."

5.6.1 Zulässigkeit von Nebenbestimmungen

Bei einem **gebundenen Verwaltungsakt** (d. h., es besteht ein Anspruch auf Erlass des Verwaltungsakts, wenn die Tatbestandsvoraussetzungen für die gewünschte Rechtsfolge erfüllt sind) sind Nebenbestimmungen grundsätzlich unzulässig (§ 32 Abs. 1 SGB X).

Allerdings gelten zwei **Ausnahmen**: Nebenbestimmungen sind auch bei gebundenen Verwaltungsakten zulässig, wenn sie durch eine Rechtsvorschrift zugelassen sind (§ 32 Abs. 1 Alt. 1 SGB X), oder wenn die Nebenbestimmung der Sicherstellung der gesetzlichen Voraussetzungen des Verwaltungsakts dient (§ 32 Abs. 1 Alt. 2 SGB X) (Ipsen 2015).

Bei **Ermessens-Verwaltungsakten** sind Nebenbestimmungen grundsätzlich zulässig, aber auf bestimmte Arten begrenzt, deren Einsatz im Ermessen der Behörde steht (§ 32 Abs. 2 SBG X).

allgemeine Schranke

Für alle Nebenbestimmungen gilt selbstverständlich, dass sie dem **Zweck des Verwaltungsaktes** nicht zuwiderlaufen dürfen (§ 32 Abs. 3 SGB X).

5.6.2 Arten von Nebenbestimmungen

unselbstständige/ selbstständige Nebenbestimmungen

Die Bestimmung des § 32 SGB X unterscheidet zwischen *unselbstständigen* (Befristung, Bedingung, Widerrufsvorbehalt, modifizierte Auflage) und *selbstständigen* (Auflage, Auflagenvorbehalt) Nebenbestimmungen. Letztere sind isoliert anfechtbar und aufhebbar (Detterbeck 2015):

Unselbstständige Nebenbestimmungen: Bei der **Befristung** (§ 32 Abs. 2 Nr. 1 SGB X) ist der Eintritt eines sicher stattfindenden Ereignisses hier entscheidend für die Wirksamkeit des Verwaltungsakts. Sie kann aufschiebend (z. B. *ab dem 10.10.* muss A einen Beitrag zahlen) oder auflösend (z. B. A erhält *bis zur Abschlussprüfung* BAföG) oder zeitlich begrenzt (z. B. während der Teilnahme an einem Kurs) erfolgen. Die Befristung steht in untrennbarem Zusammenhang zur Hauptreglung (Ipsen 2015) und ist nicht gesondert durchsetzbar.

Bei der **Bedingung** (§ 32 Abs. 2 Nr. 2 SGB X) hängt der Eintritt oder der Wegfall einer Vergünstigung oder einer Belastung von dem ungewissen Eintritt eines zukünftigen Ereignisses ab. Auch sie kann aufschiebend oder auflösend sein. Die Wirksamkeit hängt nicht von einem Termin, sondern von einem Ereignis ab (Ipsen 2015). Die Bedingung steht in untrennbarem Zusammenhang zur Hauptreglung. Die Nebenbestimmung wird Bestandteil des Verwaltungsaktes und ist somit nicht gesondert durchsetzbar.

Der **Widerrufsvorbehalt** (§ 32 Abs. 2 Nr. 3 SGB X) ist eine besondere Art der Bedingung. Er schafft nur die verfahrensrechtlichen Voraussetzungen für eine spätere Entscheidung, muss inhaltlich aber bereits gerechtfertigt sein. Auch er steht in einem untrennbaren Zusammenhang mit der Hauptregelung (Ipsen 2015), ist also ein unselbstständiger Bestandteil des Hauptverwaltungsaktes.

Selbstständige Nebenbestimmungen: Die **Auflage** (§ 32 Abs. 2 Nr. 4 SGB X) ist nur bei begünstigenden Verwaltungsakten möglich. Es wird ein bestimmtes Verhalten verlangt, das in einem engen Verhältnis zum Hauptverwaltungsakt steht. Sie begründet einen selbstständigen Verwaltungsakt und kann daher isoliert angegriffen werden.

Der **Auflagenvorbehalt** (§ 32 Abs. 2 Nr. 5 SGB X) schafft nur verfahrensrechtliche Voraussetzungen, muss inhaltlich aber, wie der Widerrufsvorbehalt, gerechtfertigt sein. Er ist nicht Bestandteil des Verwaltungsaktes, sondern selber ein Verwaltungsakt und somit auch isoliert anfechtbar.

Eine **modifizierende Auflage** liegt vor, wenn die Behörde dem beantragten Verwaltungsakt Zusätze beifügt, die den Inhalt des Verwaltungsaktes verändern, es wird ganz oder teilweise etwas anderes von der Behörde genehmigt als beantragt.

Die **Inhaltsbestimmung** modifiziert eine typische, mit einem Verwaltungsakt verbundene Rechtsfolge oder schließt sie aus.

6 Gerichtliche Rechtsbehelfe gegen Verwaltungsakte in der Sozialgerichtsbarkeit

Abhängig vom Regelungsinhalt ist gegen Verwaltungsakte der Sozialgerichtsweg nach SGG oder der Verwaltungsrechtsweg nach VwGO eröffnet (§ 62 SGB X). Im Folgenden geht es um die Sozialgerichtsbarkeit.

6.1 Sozialgerichtliche Klagearten

Klagearten nach Zielsetzungen

Je nach Zielsetzung (Klagebegehren) unterscheidet das Sozialgerichtsgesetz (SGG) die folgenden Klagearten.

6.1.1 Anfechtungsklage (§ 54 Abs. 1 SGG)

Aufhebung oder Änderung eines Verwaltungsakts

Im Wege der Anfechtungsklage kann die **Aufhebung oder die Abänderung eines Verwaltungsakts** (Gersdorf 2014) begehrt werden (§ 54 Abs. 1 S. 1, 1. u. 2. Alt. SGG). Ein Klagebegehren ist die Abwehr eines Eingriffs in Rechte (Detterbeck 2015). Es setzt voraus, dass der Kläger geltend macht, durch den Verwaltungsakt *beschwert* (Schmidt 2015c), also in seinen subjektive Rechten verletzt zu sein (§ 54 Abs. 1 S. 2 SGG).

Gemäß § 54 Abs. 2 S. 1 SGG ist der Kläger durch die Rechtswidrigkeit eines Verwaltungsaktes grundsätzlich beschwert.

Bei Ermessensentscheidungen muss der Hoheitsträger gem. § 54 Abs. 2 S. 2 i. V. m. § 54 Abs. 1 S. 2 SGG die gesetzlichen Grenzen des Ermessens überschritten haben (§ 39 SGB I), damit eine Rechtsverletzung in Betracht kommt.

6.1.2 Verpflichtungsklage (§ 54 Abs. 1 SGG)

Erlass eines Verwaltungsakts

Die Verpflichtungsklage ist die Klage auf **Erlass eines Verwaltungsakts**. Die BürgerInnen behaupten einen Anspruch auf eine bestimmte Entscheidung (Detterbeck 2015).

Dabei ist weiter zu unterscheiden zwischen Weigerungsklage und Untätigkeitsklage:

- Eine **Weigerungsklage** ist einschlägig, wenn eine begehrte Leistung durch Verwaltungsakt abgelehnt wird (§ 54 Abs. 1 S. 1, 3. Alt. SGG). Der Klageantrag lautet auf Erlass der verweigerten Regelung (Gersdorf 2014).
- Bei der **Untätigkeitsklage** ist die Behörde völlig untätig geblieben (§ 54 Abs. 1 S. 1, 4. Alt. SGG) und soll zum Tätigwerden gezwungen werden. Es sind jedoch Fristen zu beachten. Die Untätigkeitsklage ist erst nach Ablauf von sechs Monaten seit dem Antrag auf Vornahme des Verwaltungsaktes zulässig (§ 88 Abs. 1 S. 1 SGG) oder wenn im Widerspruchsverfahren innerhalb von drei Monaten noch keine Entscheidung ergangen ist (§ 88 Abs. 2 SGG).

6.1.3 Kombinierte Anfechtungs- und Verpflichtungsklage (§ 54 Abs. 1 SGG)

Aufhebung eines Verwaltungsakts und Erlass eines anderen

Mit der Verpflichtungsklage wird nicht zugleich auch ein **bereits erlassener ablehnender Verwaltungsakt** angegriffen und dann ggf. aufgehoben. Dieser Verwaltungsakt muss daher **zusätzlich** mit der Anfechtungsklage angegriffen werden. Beide Klagen werden dann miteinander kombiniert: Aufhebung des alten (Anfechtungsklage) und Erlass des neuen (Verpflichtungsklage) Verwaltungsakts.

Diese Kombination ist aber nur zulässig, wenn auf die Leistungen kein Rechtsanspruch besteht, es sich also um eine Ermessensleistung handelt. Ansonsten ist die kombinierte Anfechtungs- und **Leistungsklage** zu erheben (vgl. § 54 Abs. 4 SGG).

6.1.4 Leistungsklage (§ 54 Abs. 5 SGG)

Begehren einer Leistung

Nach § 54 Abs. 5 SGG kann mit der Klage eine Leistung begehrt werden, auf die der Kläger einen **Rechtsanspruch** hat (also nicht bei Ermessensleistungen) und die keinen Verwaltungsakt voraussetzt (z. B. der Erstattungsstreit zwischen Behörden im Gleichordnungsverhältnis).

6.1.5 Kombinierte Anfechtungs- und Leistungsklage (§ 54 Abs. 4 SGG)

Aufhebung eines Verwaltungsakts und Leistung

Hat ein Sozialleistungsträger den **Antrag eines Bürgers auf Sozialleistungen abgelehnt**, auf die ein **Rechtsanspruch** besteht, kann mit der Anfechtung des ablehnenden Bescheides das Leistungsbegehren unmittelbar verknüpft werden (bei sozialversicherungsrechtlichen Streitigkeiten häufig).

6.1.6 Feststellungsklage (§ 55 SGG)

Feststellung eines Rechtsverhältnisses

Diese Klage zielt auf die Feststellung des Bestehens oder Nichtbestehens eines Rechtsverhältnisses (§ 55 Abs. 1 Nr. 1 SGG). Ein *Rechtsverhältnis* ist eine **konkrete rechtliche Beziehung** zwischen mindestens zwei Rechtsträgern (z. B. Feststellung, in welchem Umfang Beiträge zu berechnen oder anzurechnen sind, § 55 Abs. 2 SGG; Feststellung, welcher Sozialversicherungsträger zuständig ist, § 55 Abs. 1 Nr. 2 SGG; Feststellung der Nichtigkeit eines Verwaltungsakts; § 55 Abs. 1 Nr. 4 SGG; § 40 SGB X.).

Erforderlich ist ein **Feststellungsinteresse** (§ 55 Abs. 1 SGG). Der Kläger muss ein berechtigtes Interesse an der alsbaldigen Feststellung haben. Es muss ein konkreter Anlass bestehen, der gerechtfertigte Interessen des Klägers erkennen lässt (Detterbeck 2015).

Die **Feststellungsklage** ist zudem **subsidiär**. Das bedeutet, dem Kläger fehlt im Rahmen der Feststellungsklage regelmäßig das Rechtsschutzbedürfnis, wenn eine Anfechtungs-, Verpflichtungs- oder Leistungsklage möglich ist. Er kann dann nämlich statt auf Feststellung der Rechtslage (z. B. Bestehen eines Anspruchs auf Erlass eines Verwaltungsakts) unmittelbar auf die gewünschte Rechtsfolge (z. B. Erlass des Verwaltungsakts) klagen.

6.1.7 Fortsetzungsfeststellungsklage (§ 131 Abs. 1 S. 3 SGG)

Feststellung trotz erledigtem Sachverhalt

Die Fortsetzungsfeststellungsklage (§ 131 Abs. 1 S. 3 SGG) zielt auf die Feststellung der Rechtswidrigkeit eines Verwaltungsakts, obwohl sich die Angelegenheit eigentlich schon erledigt hat. Voraussetzung ist ein **besonderes Feststellungsinteresse** trotz Erledigung, z. B. wegen Wiederholungsgefahr (Gersdorf 2014).

6.1.8 Weitere Klagearten

Weitere Klagearten sind die

- Aufsichtsklage (§ 54 Abs. 3 SGG),
- Wahlanfechtungsklage (§ 57 SGB IV),
- Verbandsklage (§ 63 SGB IX) und
- Konkurrentenklage (§§ 69 SGB V i. V. m. 19 ff. GWB).

6.2 Sozialgerichtlicher Rechtsschutz (Besonderheiten des Sozialrechtswegs)

Die Klagen sind bei den Sozialgerichten einzureichen und führen dort zu einem Gerichtsverfahren, in dem die Rechtmäßigkeit der jeweiligen behördlichen Maßnahme überprüft wird. Vor den Sozialgerichten gelten bestimmte Grundsätze, die einzuhalten und zu beachten sind.

6.2.1 Die Prozessmaximen

Grundsätze des Sozialgerichtsverfahrens

Für das Gerichtsverfahren bei Sozialgerichten gelten bestimmte Grundsätze (*Prozessmaximen*), die von allen Beteiligten zu beachten und die für die Prozessführung von großer Bedeutung sind.

Untersuchungsgrundsatz (§ 103 SGG): Das Gericht hat **von Amts wegen** den Sachverhalt zu ermitteln (Hufen 2013). An das Vorbringen und die Beweisanträge der Beteiligten ist es hierbei nicht gebunden (Ausnahme: Anhörung eines bestimmten Arztes auf Antrag, § 109 SGG). Das Gericht ist auch nicht an die Fassung der Klageanträge gebunden (vgl. § 123 SGG), sondern kann diese (innerhalb der Grenzen des *Dispositionsgrundsatzes*) auslegen.

Grundsatz der Nichtförmlichkeit (§§ 90 ff. SGG): Das sozialgerichtliche Verfahren ist nicht-förmlich (keine Formstrenge; §§ 90 ff. SGG). An eine ordnungsgemäße Klageerhebung werden **geringe Anforderungen** gestellt. Wichtigste in diesem Zusammenhang zu beachtende Formvorschriften sind §§ 90 und 92 SGG, wonach die Klage schriftlich oder zur Niederschrift zu erheben ist.

Dispositionsgrundsatz: Durch Klageerhebung, Antragstellung, Beweisanträge usw. bestimmen die **Parteien** den **Umfang** des Rechtsstreits; es steht den Parteien auch frei, z. B. durch Vergleich oder Anerkenntnis, den Rechtsstreit zu beenden.

Konzentrationsgrundsatz (§ 106 Abs. 2 SGG): Der Vorsitzende hat bereits vor der mündlichen Verhandlung alle Maßnahmen zu treffen, die notwendig sind, um den Rechtsstreit **möglichst in einer mündlichen Verhandlung** zu erledigen (Schenke 2014).

Rechtliches Gehör (§ 62 SGG): Den Beteiligten ist **vor jeder Entscheidung** rechtliches Gehör zu gewähren (§ 62 SGG; vgl. Art. 103 Abs. 1, Art. 1 Abs. 1 GG, Rechtsstaatsprinzip). Bei Verstoß ist die *Anhörungsrüge* als zusätzlicher außerordentlicher Rechtsbehelf gegeben (§ 178a SGG).

Grundsatz der Mündlichkeit (§ 124 Abs. 1 SGG): Das Gericht entscheidet, soweit nichts anderes bestimmt ist, aufgrund **mündlicher Verhandlung** (Hufen 2013).

Grundsatz der Unmittelbarkeit (§ 129 SGG): Das Urteil kann nur von den **Richtern** gefällt werden, die an der dem Urteil zugrunde liegenden Verhandlung teilgenommen haben (Schenke 2014).

Öffentlichkeitsgrundsatz (§ 61 SGG i. V. m. § 169 GVG): Die **Verhandlung** vor dem erkennenden Gericht einschließlich der **Verkündung** der Urteile und Beschlüsse ist **öffentlich** (Hufen 2013). Ton- und Fernseh-Rundfunkaufnahmen sowie Ton- und Filmaufnahmen zum Zwecke der öffentlichen Vorführung oder Veröffentlichung ihres Inhalts sind jedoch unzulässig.

6.2.2 Prozessvertretung (§ 73 SGG)

kein Anwaltszwang vor SG und LSG

Die **Beteiligten** können vor dem Sozialgericht und dem Landessozialgericht den **Rechtsstreit selbst** führen. Vor dem Bundessozialgericht besteht demgegenüber *Anwaltszwang* (§ 73 Abs. 4 SGG).

6.2.3 Kosten des Gerichtsverfahrens (§§ 183ff. SGG)

Kostenfreiheit des Verfahrens

Für als Kläger oder Beklagte beteiligte Versicherte, Leistungsempfänger, Hinterbliebenenleistungsempfänger, Behinderte oder deren Sonderrechtsnachfolger nach § 56 SGB I sind die Verfahren in allen drei Instanzen grundsätzlich **kostenfrei**.

6.3 Prüfungsschema zur Zulässigkeit einer sozialgerichtlichen Klage

Die Zulässigkeit einer Klage vor dem Sozialgericht kann anhand folgender Punkte geprüft werden:

1. Rechtswegeröffnung (§ 51 SGG),
2. ordnungsgemäße Klageerhebung (§§ 90, 92 SGG),
3. Beteiligten-, Partei- u. Prozessfähigkeit (§§ 69 ff. SGG),
4. örtlich zuständiges Gericht (§§ 8, 57 SGG, i. d. R.: Wohnsitz),
5. richtige Klageart (§§ 54f., 88, 131 Abs. 1 S. 3 SGG; Besonderheit: Kombinierte Anfechtungs- und Leistungsklage, § 54 Abs. 1, Abs. 4 SGG, *Klagearten*)
6. Beschwer, Feststellungsinteresse (§§ 54 Abs. 1 S. 2, Abs. 2; 55 Abs. 1 SGG),
7. Vorverfahren (§§ 78 ff. SGG),
8. Klagefrist (§§ 87, 89, 91 SGG),
9. Rechtsschutzbedürfnis und
10. ggf. Beiladung (§ 75 SGG).

7 Verwaltungshandeln von Fachkräften der Sozialen Arbeit

Die bisherigen Darstellungen haben die Position der Verwaltung beschrieben. Es ist nun noch näher auf die besondere Stellung des Amtsträgers im Bereich der Sozialen Arbeit einzugehen, denn natürlich hat der Inhalt der Aufgabe Einfluss auf die besondere Position und Situation des Handelnden. So werden besondere Anforderungen, Pflichten und sogar Haftungsrisiken geschaffen, die der Amtsträger zu beachten hat.

7.1 Doppelmandat der Sozialen Arbeit

Stellung der SozialarbeiterInnen

SozialarbeiterInnen sind **Helfer und Kontrolleure** in einem. Diese Doppelrolle begründet sich aus ihrer Verantwortlichkeit für BürgerInnen einerseits und ihrer Verpflichtung gegenüber Dienstherren andererseits.

Sie sind als Angestellte, Beamte, Praktikanten oder freie Mitarbeiter in der öffentlichen Verwaltung tätig. Demgegenüber sind sie *nicht Garanten der rechtstaatlichen Ordnung*, sondern handeln im Rahmen der sozialstaatlichen Aufgaben als Berater, Helfer, Anwalt des Menschen in schwierigen Lebenssituationen und Kontrolleur der Einhaltung der Normen. Dabei sind sie an Weisungen der Dienstherren gebunden.

Von der **Bindung an Weisungen** gibt es allerdings **Ausnahmen**. Zu nennen sind hier

- die Arbeit in höchstpersönlichen Vertrauensbeziehungen,
- Weisungen, die mit dem Berufsbild nicht vereinbar sind (z.B. Kinder in Kammer einsperren),
- Weisungen, die gesetzeswidrig sind (z.B. Weisung, entgegen § 14 SGBI, Ratsuchende nicht über Ansprüche zu informieren),
- Weisungen, durch deren Befolgung sich der Mitarbeiter strafbar macht (z.B. nach §201 StGB, Verletzung des Briefgeheimnisses, wenn auf Anweisung des Abteilungsleiters alle an den Sozialarbeiter persönlich gerichteten Schreiben von dem Abteilungsleiter oder der Poststelle geöffnet werden sollen),

- Weisungen, die die Grundrechte des Sozialarbeiters als Arbeitnehmer verletzen (z. B. Weisungen, die gegen die Gewissensfreiheit des Arbeitnehmers verstoßen; es handelt sich um eine Ausprägung der mittelbaren Drittwirkung der Grundrechte) und
- Wahrnehmung staatsbürgerlicher Rechte (z. B. als Zeuge).

7.2 Verantwortlichkeit und Haftung

Die Verantwortlichkeit und damit mögliche Haftung von Amtsträgern reicht von arbeits-/dienstrechtlichen Konsequenzen über Schadensersatzverpflichtungen bis zur Strafbarkeit.

7.2.1 Arbeits-/dienstrechtliche Haftung

Beschäftigungsverhältnis

SozialarbeiterInnen im Anstellungsverhältnis können unter dem Gesichtspunkt Verletzung einer Haupt- und Nebenpflicht des **Arbeitsvertrages** (z.B. Weisung befolgen) haften. Es gilt allgemeines Arbeitsrecht (z. B. Verweis, Abmahnung, Kündigung).

Für SozialarbeiterInnen mit Beamtenstatus gilt **Beamtenrecht** (Art. 34 GG, § 78 BBG).

7.2.2 Vermögensrechtliche Haftung

beschränkte Schadensersatzhaftung

Angestellte SozialarbeiterInnen haften u. U. auch für den Schaden, der bei einer Handlung eintritt, die nicht den dienstlichen Aufgaben zuzurechnen ist. Die Höhe der Haftung ist aber im öffentlichen Dienst **beschränkt auf** den **zumutbaren Betrag** (Bundesarbeitsgericht: 3–12 Bruttomonatsgehälter). Zudem ist die Haftung auf grobe Fahrlässigkeit (besonders rücksichtloses Verhalten) und vorsätzliches Handeln (Wissen und Wollen des Schadens, wobei aber *Billigendes in Kauf nehmen* genügt) begrenzt.

Bei Beamten richtet sich die Haftung nach beamtenrechtlichen Grundsätzen (Art. 34 GG, § 78 BBG, vgl. § 839 BGB).

7.2.3 Strafrechtliche Verantwortung

SozialarbeiterInnen können von den ordentlichen Gerichten in Strafsachen nach Anklageerhebung durch die Staatsanwaltschaft zu Geld- und Freiheitsstrafen verurteilt werden, wenn sie gegen Strafvorschriften verstoßen, also Straftaten begehen (z. B. Verletzung der Schweigepflicht, § 203 StGB; Sozialdatenschutz, § 83 SBG X; Förderung sexueller Handlungen bei Minderjährigen, § 180 StGB; Bestechlichkeit, §§ 331, 332 StGB).

Tun und Unterlassen

Straftaten können durch aktives Tun und durch Unterlassen begangen werden. Es ist unproblematisch, dass ein Täter, der einen strafrechtlich untersagten Erfolg **aktiv herbeiführt** (z. B. ein Kind schlägt), für diesen Erfolg (z. B. Verletzung) strafrechtlich verantwortlich ist, weil er ihm ohne Weiteres zurechenbar ist.

Schwieriger ist der Vorwurf zu begründen, wenn der Täter nichts getan hat und der Erfolg dennoch eingetreten ist. Der Vorwurf lautet dann, dass der Täter es **unterlassen** hat, den Eintritt des Erfolgs zu verhindern. Die Strafbarkeit wegen Unterlassens setzt also eine **Pflicht zum Handeln** voraus.

Die Strafbarkeit ist im Falle eines Unterlassens somit, wie folgt, zu prüfen:

1 Rechtsgutsverletzung (= Erfolg, Schaden, Verletzung, Nachteil),
2 Unterlassen trotz Pflicht zur Abwendung der Rechtsgutsverletzung (Garantenstellung),
3 Ursächlichkeit des Unterlassens für die Rechtsgutsverletzung (Kausalität),
4 Vorsatz oder (soweit strafbar) Fahrlässigkeit hinsichtlich der Punkte 1–3,
5 Rechtswidrigkeit (keine Rechtfertigungsgründe, z. B. Notwehr) und
6 Schuld (z. B. nicht schuldunfähig).

echte/unechte Unterlassungsdelikte

Bei den Straftatbeständen kann weiter unterschieden werden:

Echte Unterlassungsdelikte: Sie stellen ausdrücklich das Unterlassen einer vom Strafrecht geforderten Tätigkeit unter Strafe (z. B. Unterlassene Hilfeleistung, § 323c StGB, Nichtanzeige geplanter schwerer Straftaten, § 138 StGB).

Unechte Unterlassungsdelikte: Sie werden demgegenüber i.d.R. durch aktives Tun verwirklicht. Nur ausnahmsweise ist aber auch derjenige, der es unterlässt, die Rechtsverletzung abzuwenden, obwohl er rechtlich dazu verpflichtet ist (= Garant: § 13 StGB), ebenfalls strafbar (z.B. Eltern lassen Kind hungern = Körperverletzung).

Garantenstellung

Für die unechten Unterlassungsdelikte kommt es also darauf an, ob jemand **Garant** ist. Garant ist der, der aufgrund einer besonderen Pflicht handeln muss. Wer es unterlässt, den Erfolg abzuwehren, ohne Garant zu sein, ist nicht strafbar, denn er hat gegen keine Verpflichtung zum Handeln verstoßen.

Damit lautet die entscheidende Fragestellung für die Beurteilung der Strafbarkeit bei unechten Unterlassungsdelikten: Sind AmtsträgerInnen im konkreten Fall GarantInnen, hätten sie also handeln müssen?

Grundlagen der Garantenstellung

Nach ständiger Rechtsprechung entsteht die Garantenstellung aus Schutzpflichten für bestimmte Rechtsgüter oder aus der Verantwortlichkeit für bestimmte Gefahrenquellen. Mögliche **Grundlagen einer Garantenstellung** sind:

Kraft Gesetzes

Rechtsvorschriften: Besondere Rechtsvorschriften begründen die Garantenstellung z.B. gegenüber Ehegatten, Verwandten, Verlobten, Betreuten, §§, 1353 Abs. 1 S. 2, 1626 Abs. 2, 1631, 1793, 1800, 1901 BGB.

Entscheidung „Dortmunder Fall der Kindesmisshandlung durch Eltern – Zur Garantenstellung der leiblichen Eltern“ (BGH, Urteil vom 04.07.2002, 3 StR 64/02; vgl. auch zur Garantenstellung der leiblichen Eltern: BGHSt 41, 113, Urteil vom 30.03.1995, und BGH, 4 StR 190/03, Urteil vom 03.07.2003):
„Beide Angeklagten [Anmerkung: leibliche Eltern; d. Verf.] waren Garanten insbesondere für die körperliche Unversehrtheit des Kindes und haben deshalb rechtlich dafür einzustehen, daß die Tatbestandsverwirklichung durch den jeweils anderen Elternteil nicht eintrat. Angesichts des überragenden Rechtsguts der körperlichen Unversehrtheit eines Menschen waren höchste Anforderungen an sie in ihrer Stellung als Beschützergaranten zu stellen, zumal es sich hier bei dem Opfer um einen lediglich zwei Monate alten, völlig wehr- und hilflosen Säugling handelte. Beide Angeklagten erkann-

ten im Verlauf des Tatzeitraums, daß das Kind schwerwiegenden Mißhandlungen ausgesetzt war. Ihnen war deshalb auch bewußt, daß der andere Elternteil zu erheblichen Gewaltausbrüchen neigt und das Kind unbedingt davor zu schützen war. Ebenso mußten sie naheliegend mit weiteren vergleichbaren Gewalttaten rechnen. Spätestens von dem Zeitpunkt an, von dem sie erstmals Kenntnis von der Mißhandlung durch den jeweils anderen Elternteil hatten, hätten sie umgehend geeignete Maßnahmen ergreifen müssen, um weiter drohende Übergriffe von dem Kind abzuwenden."

Entscheidung „Herdplatten-Fall – Zur Garantenstellung der Mutter" (BGH, Urteil vom 17.08.1999, 1 StR 390/99,):
Eine Mutter ist strafbar durch Unterlassen wegen „Verlassens der Wohnung unter (unbeaufsichtigter) Zurücklassung des Kindes", weil sie gemäß §§ 1626ff. BGB als Mutter eine Garantenstellung hat, sodass gemäß § 13 Abs. 1 StGB ein Unterlassen einem aktiven Tun gleichgestellt ist.

Entscheidung „Garantenpflicht eines Betreuers aus § 1901 BGB zur Verhinderung von Straftaten des Betreuten" (OLG Celle, Urteil vom 21.11.2007, 32 Ss 99/07):
Der Betreuer hat eine Garantenstellung zur Verhinderung von Straftaten des Betreuten, wenn der Betreute selbst für sein Verhalten nicht verantwortlich ist und gerade deshalb dem Betreuer die Aufsicht über ihn von der Rechtsordnung auferlegt worden ist. Ihn treffe daher eine Garantenpflicht gemäß § 13 StGB.

Entscheidung „Keine Garantenpflicht von zusammen lebenden Geschwistern" (LG Kiel, NStZ 2004, 157, Urteil vom 02.06.2003):
Das Gericht lehnt eine Granatenstellung zwischen Geschwistern ab, obwohl im vorliegenden Fall die Geschwister zusammen in einer Wohngemeinschaft gelebt haben. Denn auch unter Geschwistern könne sich der Zweck des gemeinsamen Wohnens auf eine gemeinsame Nutzung beschränken. Eine Garantenstellung aufgrund der Geschwistereigenschaft sei abzulehnen, da die Garantenstellung ein besonderes Vertrauens- bzw. Obhutsverhältnis erfordere.

Entscheidung „Ende der strafrechtlichen Garantenpflichten unter Ehegatten" (BGH, Urteil vom 24.07.2003, Az.: 3 StR 153/03):
Anm. d. Autorin: Die Garantenpflicht zwischen Ehegatten untereinander folgt aus § 1353 BGB.

Leitsatz: „Die strafrechtliche Garantenpflicht unter Eheleuten endet, wenn sich ein Ehegatte vom anderen in der ernsthaften Absicht getrennt hat, die eheliche Lebensgemeinschaft nicht wiederherzustellen.“

besondere Gemeinschaft

Lebens- oder Gefahrengemeinschaft: Innerhalb von Lebens- oder Gefahrengemeinschaften, die Gewähr für gegenseitige Hilfe und Fürsorge in typischen Gefahrenquellen einschließen (z.B. Bergsteigergruppe), besteht ebenfalls eine Garantenstellung.

Entscheidung „Nichtverhinderung einer Selbsttötung des Ehegatten“ (BGHSt 2, 150, Urteil vom 12.02.1952):
Beihilfe zur Selbsttötung ist nicht strafbar; wer aber eine Rechtspflicht hat, Lebensgefahr von einem anderen nach Kräften abzuwenden und diese Pflicht kennt, die Selbsttötung aber trotzdem nicht hindert, obwohl er es könnte, ist je nach seinem Willen und seiner Haltung in Bezug auf die Todesfolge in der Regel der vorsätzlichen oder fahrlässigen Tötung schuldig. Die Rechtspflicht kann auf Gesetz, Gewohnheitsrecht oder Vertrag beruhen; sie besteht für Ehegatten, die in ehelicher Gemeinschaft leben. Der BGH hat hier aber auch dargelegt, dass das Ausziehen eines Ehegatten aus der gemeinsamen Wohnung die Garantenstellung beende, wenn dieser Auszug das Scheitern der Ehe dokumentiere.

Übernahme

Übernahme: Die freiwillige tatsächliche Übernahme von Schutz- oder Bestandspflichten (z.B. ärztl. Behandlung, Babysitten, Krankenpflege, Aufsicht über Dritte) begründet eine besondere Verantwortung als Garant.

Entscheidung „Rettungssanitäter“ (BGH, Beschluss vom 25.04.2001, 1 StR 130/01):
Garantenstellung durch tatsächliche Übernahme der Gewähr für das Rechtsgut Gesundheit durch Rettungssanitäter im Hinblick auf mögliche Strafbarkeit wegen Körperverletzung durch Unterlassen.

Entscheidung „Mitarbeiter von kommunalen Jugendämtern und Sozialdiensten“ (OLG Stuttgart, Urteil vom 28.05.1998, 1 Ws 78/98):

Leitsatz: „Die Mitarbeiter von kommunalen Jugendämtern und Sozialdiensten sowie die von ihnen beauftragten Mitarbeiter von Trägern der freien Jugendhilfe haben als Beschützergaranten kraft Pflichtenübernahme strafrechtlich dafür einzustehen, daß von ihnen mitbetreute Kinder nicht durch vorhersehbare vorsätzliche Mißhandlungen durch die Mutter oder durch einen von ihr beauftragten ungeeigneten Dritten körperlich verletzt werden oder zu Tode kommen."
Aus den Gründen: „Für die soziale Arbeit im Aufgabenbereich des Jugendamts ist kennzeichnend, daß der für eine – auch unvollständige – Problemfamilie zuständige Sozialarbeiter im Rahmen eines längerfristigen Arbeits- und Betreuungszusammenhangs tatsächlich den Schutz der (mit-)betreuten Kinder übernimmt. Ihm erwächst daher aus der eigenen, von ihm übernommenen Aufgabenerfüllung eine Garantenpflicht aus tatsächlicher Schutzübernahme. Diese Rolle als Beschützergarant im Hinblick auf wichtige Rechtsgüter des Kindes wie Leib oder Leben, Freiheit und sexuelle Integrität ist das strafrechtliche Gegenstück des Gesetzesauftrags des Kinder- und Jugendhilfegesetzes, das Recht eines jeden jungen Menschen auf Förderung seiner Entwicklung und auf Erziehung (§ 1 Abs. 1 KJHG) zu verwirklichen und ihn vor Gefahren für sein Wohl zu schützen (§ 1 Abs. 3 Nr. 3 KJHG). Dabei ergibt sich aus Art. 6 Abs. 2 Satz 2 GG, § 1 Abs. 2 Satz 2 KJHG, daß trotz des Elternrechts (Art. 6 Abs. 2 Satz 1 GG) die öffentliche Jugendhilfe oder der von ihr beauftragte Träger der freien Jugendhilfe aufgrund des Wächteramts des Staates verpflichtet ist, das körperliche, geistige und seelische Wohl von (mit-)betreuten Kindern auch vor rechtsgutsverletzendem Verhalten der Eltern oder eines Elternteils zu schützen. Aus der tatsächlichen Übernahme dieser Verpflichtung erwächst die Beschützergarantenpflicht des Betreuers im Sinne von § 13 StGB."

Entscheidung „Wuppertaler Schwebebahn" (vgl. BGHSt 19, 286, Urteil vom 21.04.1964):
Anm. d. Autorin: Zur Garantenstellung des Betriebsleiters der Stadtwerke („Unfall der Wuppertaler Schwebebahn"): Für die eine Garantenpflicht zur Gefahrenabwehr begründende tatsächliche Übernahme ist ohne Bedeutung, ob die Angeklagten arbeitsvertraglich verpflichtet waren, eine solche Schutzfunktion zu übernehmen. Maßgebend für die Begründung einer Garantenstellung ist allein die tatsächliche Übernahme des Pflichtenkreises.

Vorverhalten **Pflichtwidriges Vorverhalten:** Aus pflichtwidrigem gefährdendem Vorverhalten resultiert eine besondere Verantwortlichkeit, den dadurch drohenden Erfolg abzuwehren (z. B. Heroinverkäufer gegenüber Konsumenten; *Ingerenz*). Die Ingerenz begründet aber nur dann eine Garantenstellung, wenn das Vorverhalten die naheliegende Gefahr des Eintritts des konkret untersuchten, tatbestandsmäßigen Erfolgs verursacht (vgl. BGH, NJW 1999, 69, 71).

Entscheidung „Unterlassener Rückruf von in den Verkehr gebrachten gefährlichen Produkten („Lederspray-Prozess")" (BGHSt 37, 106, Urteil vom 07.07.1990):
Leitsatz: „Wer als Hersteller oder Vertriebshändler Produkte in den Verkehr bringt, die derart beschaffen sind, daß deren bestimmungsgemäße Verwendung für die Verbraucher – entgegen ihren berechtigten Erwartungen – die Gefahr des Eintritts gesundheitlicher Schäden begründet, ist zur Schadensabwendung verpflichtet (Garantenstellung aus vorangegangenem Gefährdungsverhalten). Kommt er dieser Pflicht schuldhaft nicht nach, so haftet er für dadurch verursachte Schäden strafrechtlich unter dem Gesichtspunkt der durch Unterlassen begangenen Körperverletzung."

Entscheidung „Notwehr: Keine Garantenstellung des Angegriffenen" (BGHSt 23, 327, Urteil vom 29.07.1970):
Anm. d. Autorin: Die Verletzung eines Angreifers in Notwehr macht den Angegriffenen nicht zum Garanten für das Leben des Angreifers (Ingerenz nur bei Schaffung eines unerlaubten Risikos!).

Entscheidung „Garantenpflicht des Angreifers" (BGHSt 38, 356, Urteil vom 22.09.1992):
„Auf Grund der gemeinschaftlichen schweren Mißhandlung des Opfers, das danach allein, bewußtlos und blutend am Boden lag, war der Angeklagte R. unter dem Gesichtspunkt des vorangegangenen gefährdenden Tuns (‚Ingerenz') verpflichtet, den weiteren Angriff seines Mittäters auf das Leben des Opfers zu verhindern und die tödliche Wirkung eines solchen Angriffs zu vereiteln (vgl. BGH, NStZ 1985, 24; BGH, StV 1982, 218 und 1986, 59). (Herv. i. Orig.)"

Entscheidung „Keine Garantenstellung des Gastwirts (oder des privaten Gastgebers) gegenüber volltrunkenem Gast" (BGHSt 26, 35, Urteil vom 05.12.1974):

Garantenstellung des Gastwirts (oder des privaten Gastgebers) ist nur gegeben, wenn der Gast für den Gastwirt erkennbar infolge Trunkenheit zurechnungsunfähig ist.

Entscheidung „Garantenstellung eines Unfallverursachers" (hier: Kraftfahrer, der einen Mofafahrer anfährt) (BGH, Urteil vom 07.11.1991, 4 StR 451/91):
Ein Unfallverursacher hat aufgrund des von ihm verschuldeten Unfalls gegenüber dem schwerverletzten Unfallopfer eine Garantenstellung. Er muss deshalb dafür einstehen, dass der Geschädigte nicht infolge mangelnder Versorgung zu Tode kommt.

besondere Amtspflichten

AmtsträgerInnen: Die Stellung als AmtsträgerInnen kann eine Garantenstellung begründen, wobei es auf die Art der Dienstpflichten und den übertragenen Aufgabenkreis ankommt.

Entscheidungen (zu Garantenstellungen, die aus der Übernahme von bestimmten Funktionen abgeleitet wurden):

- **staatliche oder kommunale Repräsentanten**, denen der Schutz von Leib und Leben der ihnen anvertrauten Bürger obliegt (BGHSt 38, 325, Urteil vom 19.08.1992; 48, 77, Urteil vom 19.08.1992),
- **Polizeibeamte** (BGHSt 38, 388 ff., Urteil vom 29.10.1992),
- Beamte der **Ordnungsbehörde** (BGH, NJW 1987, 199, Urteil vom 10.06.1986),
- Garantenpflicht von **Strafvollzugsbeamten** (BGHSt 43, 82, Urteil vom 30.04.1997, „Prügel nach Gefängnismeuterei") ,
- Garantenpflicht aufgrund einer gesetzlich vorgesehene Funktion als **Beauftragter** (z. B. als Beauftragter für Gewässerschutz nach §§ 21a ff. WHG, Immissionsschutz nach §§ 53 ff. BImSchG oder Strahlenschutz nach §§ 31 ff. StrahlenschutzVO) (vgl. OLG Frankfurt, NJW 1987, 2753, Urteil vom 22.05.1987),
- tatsächliche Übernahme entsprechender Überwachungspflichten durch **Dienstvertrag mit einem besonderen Vertrauensverhältnis**, das den Übertragenden gerade dazu veranlasst, dem Verpflichteten besondere Schutzpflichten zu überantworten (vgl. BGHSt 46, 196, Urteil vom 08.11.2000, sog. „12-Millionen-Fall": Keine Strafbarkeit von Verfügungen eines Kontoinhabers über aus bankinternen Fehlbuchungen entstandene Guthaben

ohne besondere Aufklärungspflicht; vgl. auch BGH St 39, 392, Urteil vom 16.11.1993).

Entscheidung „Compliance Officer" (BGH, Urteil vom 17.07.2009, 5 StR 394/08):
Anm. d. Autorin: Der **Compliance Officer** eines Unternehmers trägt eine strafrechtliche Mitverantwortlichkeit aus Garantenstellung wegen Abrechnung überhöhter Straßenreinigungsentgelte. Bei den Angeklagten handelte es sich um den Leiter der Innenrevision, der als Compliance Officer bestellt wurde, und den Leiter der Rechtsabteilung der Berliner Stadtreinigung (BSR). Der als Compliance Officer bestellte Vorstandsvorsitzende wurde wegen Betrugs und der Rechtsamtsleiter wegen Beihilfe zum Betrug durch Unterlassen verurteilt. Der Compliance Officer hatte über einen Zeitraum von zwei Jahren gegenüber den Grundstückseigentümern überhöhte Abrechnungen für die Reinigung der Verkehrswege vorgenommen. Der Rechtsamtsleiter hatte als Verantwortlicher die zunächst versehentlich zu hoch angesetzten Gebühren als unrichtig erkannt, es dann aber unterlassen, die Aufsichtsgremien zu unterrichten, obwohl er von der unzutreffenden Tarifbildung Kenntnis hatte. Nach Ansicht des BGH habe er die Tat zwar nicht selbst vorgenommen, er habe diese jedoch trotz Kenntnis ihrer Rechtswidrigkeit toleriert, obgleich er eine besondere Aufgabenstellung im Unternehmen übernommen habe.
Aus den Gründen: „Durch die Übernahme eines Pflichtenkreises kann eine rechtliche Einstandspflicht im Sinne des § 13 Abs. 1 StGB begründet werden. Die Entstehung einer Garantenstellung hieraus folgt aus der Überlegung, dass denjenigen, dem Obhutspflichten für eine bestimmte Gefahrenquelle übertragen sind, dann auch eine ‚Sonderverantwortlichkeit' für die Integrität des von ihm übernommenen Verantwortungsbereichs trifft. (…) Maßgeblich ist die Bestimmung des Verantwortungsbereichs, den der Verpflichtete übernommen hat (…) Der Inhalt und der Umfang der Garantenpflicht bestimmen sich aus dem konkreten Pflichtenkreis, den der Verantwortliche übernommen hat. Dabei ist auf die besonderen Verhältnisse des Unternehmens und den Zweck seiner Beauftragung abzustellen. Entscheidend kommt es auf die Zielrichtung der Beauftragung an, ob sich die Pflichtenstellung des Beauftragten allein darin erschöpft, die unternehmensinternen Prozesse zu optimieren und gegen das Unternehmen gerichtete Pflichtverstöße aufzudecken und zukünftig zu verhindern, oder ob der Beauftragte

weitergehende Pflichten dergestalt hat, dass er auch vom Unternehmen ausgehende Rechtsverstöße zu beanstanden und zu unterbinden hat. Unter diesen Gesichtspunkten ist gegebenenfalls die Beschreibung des Dienstpostens zu bewerten."

insbesondere Jugendhilfeverhältnis

MitarbeiterInnen von öffentlichen Jugendämtern und SozialarbeiterInnen: Bei diesen ergibt sich die Garantenstellung aus dem Jugendhilfeverhältnis (z.B. § 8a Abs. 1 SGB VIII). Es handelt sich um eine Konkretisierung der Pflichten der Behörden als **staatliche Wächter** i.S.d. Art. 6 Abs. 2 S. 2 GG. Mit der Einführung der Norm wurden aus verwaltungsverfahrensrechtlichen Pflichten zugleich strafrechtliche Handlungspflichten aus tatsächlicher Übernahme. Die Regelung modifiziert und konkretisiert als spezifische Verfahrensvorschrift den allgemeinen **Untersuchungsgrundsatz** des § 20 SGB X.

Entscheidung „Psychisch kranke Mutter" (AG Mönchengladbach, Urteil vom 09.03.2004, 13 Cs 343/03):
Anm. d. Autorin: Unterlassene Hilfe bei der Erziehung des Kindes einer psychisch kranken Mutter; fahrlässige Tötung durch nicht angeordnete Inobhutnahme einer suizidgefährdeten Person durch einen Jugendamtsmitarbeiter.
Aus den Gründen: „Unabhängig davon, ob die Inobhutnahme des § 42 Absatz 3 KJHG die den Angeklagten zum Eingreifen verpflichtende Norm gewesen wäre, ist jedoch seit mehreren Jahren in Rechtsprechung und Lehre anerkannt, dass dem Staat auf Grund der Verfassungsbestimmung des Artikel 6 Grundgesetz ein Wächteramt über junge Menschen und deren Erziehung sowie über die Familie zukommt. Primär liegt nach dieser Verfassungsnorm die Priorität in der Erziehung junger Menschen zwar bei und durch die Familie, vornehmlich die Eltern und Erziehungsberechtigten, gleichwohl bleibt der Staat verpflichtet, das Kindeswohl in den Vordergrund zu stellen und junge Menschen vor Vernachlässigung, Misshandlung und Gewalt zu schützen. Dieses Wächteramt des Staates kommt in § 1 des KJHG (Kinder- und Jugendhilfegesetz des 8. Buches des Sozialgesetzbuches gesetzlich zum Ausdruck. (...) Hieraus haben Rechtsprechung und Lehre den Grundsatz entwickelt, dass Sozialarbeiter kommunaler Jugendämter im Betreuungszusammenhang mit Problemfamilien und ihren Kindern eine Garantenstellung aus der staatlichen Schutzpflicht gegenüber den betreuten Kindern

und Jugendlichen haben, die sie verpflichtet, Kinder und Jugendliche vor Gefahren für ihr körperliches, geistiges und/oder seelisches Wohl, insbesondere vor rechtsgutverletzendem Fehlverhalten ihrer Eltern in diesen Bereichen zu schützen und damit für Sozialarbeiter kommunaler Jugendämter im Betreuungszusammenhang eine solche Garantenpflicht begründen."

Entscheidung „Garantenpflicht von Sozialarbeitern kommunaler Jugendämter bei Übertragung von Aufgaben der Familienhilfe auf freie Träger" (OLG Düsseldorf, Urteil vom 27.04.2000, 2 Ss 130/98 – 31/98, und LG Stuttgart, Urteil vom 17.09.1999, 1 (15) KLs 114 Js 26273/96):
Zu den tatbestandsmäßigen Voraussetzungen der Verletzung der Fürsorgepflicht, insbesondere der strafrechtlichen Verantwortlichkeit einer im Sozialdienst des Jugendamts tätigen Sozialarbeiterin erging diese Entscheidung.

insbesondere freie Träger

SozialarbeiterInnen von freien Trägern: Bei diesen folgt die Garantenstellung aus dem Vertrag (Schutzpflichten); sie müssen bei Gefährdung aber immer zunächst das Jugendamt informieren.

Entscheidung „Verpflichtung zur Schutzgewährung als wesentliches Merkmal der sozialpädagogischen Familienhilfe bei freien Trägern" (OLG Oldenburg, Beschluss vom 02.09.1996, Ss 249/96):
Anm. d. Autorin: Zur Garantenstellung eines zur Betreuung eines Kleinkindes eingesetzten Sozialarbeiters; fahrlässige Tötung eines Kleinkindes infolge Vernachlässigung; Verpflichtung zur Schutzgewährung als wesentliches Merkmal der sozialpädagogischen Familienhilfe bei freien Trägern.
Aus den Gründen: „Es kann kein Zweifel bestehen, daß dem Sinne des KJHG Hilfsbedürftigen ein Rechtsanspruch auf Hilfe im Sinne der Vorschriften dieses Gesetzes zusteht. Wesentliches Merkmal der sozialpädagogischen Familienhilfe in den Fällen der vorliegenden Art ist mithin auch die Verpflichtung zur Schutzgewährung. Daraus kann eine strafrechtliche Garantenpflicht der zu diesem Zweck unmittelbar tätigen staatlichen Gewährsträger resultieren, hier die der mit der Sache dienstlich befaßten Mitarbeiter des A. (…) Das KJHG betont zwar den Gedanken der Hilfe, weist aber auch auf die Schutzpflicht des Staates hin, § 1 Abs. 2 S. 2. Diese Pflicht gilt für

alle Maßnahmen nach dem KJHG und ist demgemäß auch nach Einleitung sozialpädagogischer Hilfe zur Abwehr möglicher Gefahren zu bedenken und zu gewährleisten. Dem kann das Selbstverständnis eines freien Trägers der Familienhilfe, hier des S, nichts entgegenstellen. Die gemäß § 3 KJHG weitgehend mögliche Übertragung von Aufgaben der Familienhilfe auf freie Träger kann deswegen die bestehende Schutzpflicht des Staates nicht völlig ablösen."

7.3 Beispiele für Straftaten durch Unterlassen (StGB)

Folgende Straftaten können auch durch Unterlassen begangen werden:

- gegen die **körperliche Unversehrtheit** (Körperverletzung § 223, Totschlag § 212, Mord § 211, Tötung auf Verlangen § 216, Aussetzung § 221, Misshandlung von Schutzbefohlenen § 225),
- gegen **Eigentum/Vermögen** (Diebstahl § 242, Unterschlagung § 225, Betrug § 263, Untreue § 266, Sachbeschädigung § 303),
- gegen **Freiheit der Person** (Nötigung § 240, Freiheitsberaubung § 239),
- gegen die **Ehre** (Beleidigung § 185, üble Nachrede § 186, Verleumdung § 187) und
- gegen den **Schutz der Privatsphäre** (Verletzung von Privatgeheimnissen § 203, Verletzung des Briefgeheimnisses § 202).

8 Fälle zu den Kapiteln und Musterlösungen

Die nachfolgenden Fälle sind echten Gerichtsentscheidungen nachgebildet. Die Lösungen beschränken sich auf die wesentlichen Überlegungen, die die Gerichte ihren Entscheidungen zugrunde gelegt haben. Dabei zeigt sich, dass es häufig um Wertungen geht. Sie als LeserInnen sind aufgefordert, diese Wertungen zunächst rechtlich einzuordnen und gedanklich nachzuvollziehen, warum es unter rechtlichen Gesichtspunkten auf die jeweiligen Erwägungen ankommt. Sie sind aber auch aufgerufen, selbst kritisch zu überprüfen, ob Sie die Wertungen teilen oder vielleicht zu anderen Ergebnissen gelangt wären (mit welchen Argumenten?). Dabei müssen die Vorgaben des Gesetzgebers natürlich eingehalten werden. Ihre Lösungen, die mit dem Recht nicht vereinbar sind, sondern nur eine andere Meinung widerspiegeln, scheiden daher aus, denn Rechtsprechung und Verwaltung – und damit auch Sie in dieser Rolle – sind an das Gesetz gebunden.

8.1 Fall „Der nackte Häftling"

Dieser Fall ist dem Beschluss des BVerfG vom 18.03.2015, 2 BvR 1111/13 nachgebildet.

8.1.1 Sachverhalt

B war im Jahr 2010 in der Abteilung für psychisch auffällige Gefangene in der Justizvollzugsanstalt Kassel I untergebracht. Nachdem die Justizvollzugsanstalt die für den 08.09.2010 vorgesehene Behandlung in der Zahnarztsprechstunde nicht gewährleisten konnte, begann der B gegen seine Haftraumtür zu schlagen und zu treten. Im weiteren Verlauf wurde er unter Anlegung von Handfesseln in einen besonders gesicherten Haftraum mit durchgehender Kameraüberwachung verbracht und dort nach Entfernung der Handfesseln „zum Ausschluss von Selbstverletzungen durch Kleidungsstücke" vollständig entkleidet. Erst am nächsten Tag erhielt er eine Hose und eine Decke aus schnell reißendem Material. Am 10.09.2010 wurde er in seinen Haftraum zurückverlegt.

B erhob zunächst eine Klage auf gerichtliche Entscheidung auf Feststellung, dass die Maßnahmen seine Grundrechte verletzt haben und daher rechtwidrig gewesen seien. B trug vor, dass ihm gegenüber bei der Verbringung in den besonders gesicherten Haftraum durch zwei Bedienstete der Justizvollzugsanstalt Gewalt angewendet worden sei, sodass er große Schmerzen erlitten habe. In der Zelle sei es kühl gewesen. Er habe nicht einschlafen können, weil er gefroren habe. Seine Aktion sei gewaltlos gewesen und er habe sich ohne Gegenwehr festnehmen lassen. Diese Sachverhaltsdarstellung wurde aber von der Justizvollzugsanstalt bestritten. Es sei keine Gewalt gegen B angewandt worden und die Zelle sei warm genug gewesen. Im Übrigen habe die Gefahr bestanden, dass B sich erheblich selbst verletzte.

Sämtliche Fachgerichte wiesen – ohne weitere Sachaufklärung – den Antrag des B als unbegründet zurück. B erhebt nunmehr Verfassungsbeschwerde.

Wie wird das Bundesverfassungsgericht entscheiden?

8.1.2 Lösung

Die Verfassungsbeschwerde ist zulässig.

Zwar ist die Auslegung und Anwendung des einfachen Gesetzesrechts grundsätzlich Aufgabe der Fachgerichte. Das Verfassungsgericht kann aber überprüfen, ob die Fachgerichte die Grenze zur Willkür überschritten haben oder die Bedeutung eines Grundrechts grundsätzlich verkannt wurde.

Die Verfassungsbeschwerde ist auch begründet.

Soweit B einen Tag lang vollständig entkleidet in einer durchgängig videoüberwachten Zelle untergebracht wurde, ist B in seinem allgemeinen Persönlichkeitsrecht aus Art. 2 Abs. 1 in Verbindung mit Art. 1 Abs. 1 GG verletzt.

Grundsätzlich sind zwar besondere Sicherungsmaßnahmen vorliegend nach dem – in Hessen bis 31. Oktober 2010 gültigen – § 88 des Strafvollzugsgesetzes des Bundes zulässig. Im Zusammenhang mit der Unterbringung in einem besonders gesicherten Haftraum (§ 88 Abs. 1, Abs. 3 in Verbindung mit Abs. 2 Nr. 5 StVollzG) ist dabei auch die Wegnahme einzelner Kleidungsstücke zur Abwendung erheblicher Gefahren für den Gefangenen, insbesondere Suizid, gerechtfertigt (§ 88 Abs. 1, Abs. 3 in Verbindung mit Abs. 2 Nr. 1 StVollzG). Eine Entkleidung eines Gefangenen aufgrund einer lediglich abstrakt festgestellten, aus randalierendem Verhalten gefolgerten Gefahr ist jedoch nicht von dieser Ermächtigungsgrundlage gedeckt.

Zudem ist hier aufgrund der Erheblichkeit des Eingriffs auch der verfassungsrechtlich gebotene Grundsatz der Verhältnismäßigkeit verletzt worden. Auch wenn die Sicherungsmaßnahmen geeignet waren, um erhebliche Gefahren von B abzuwenden, waren diese teilweise nicht erforderlich. Als milderes Mittel hätte man dem B mit der Entkleidung Ersatzkleidung aus schnell reißendem Material zur Verfügung stellen können, um ihm ein Mindestmaß an Intimsphäre zu bewahren und ihn nicht zum bloßen Objekt des Strafvollzuges zu degradieren.

Darüber hinaus ist B auch in seinem Grundrecht auf effektiven Rechtsschutz aus Art. 19 Abs. 4 GG verletzt.

Wenn sich die Sachverhaltsdarstellungen der Justizvollzugsanstalt und des Gefangenen unterscheiden, darf das Gericht seiner Entscheidung nicht ohne Weiteres die Ausführungen der Anstalt zugrunde legen. Die Fachgerichte hätten daher den Sachverhalt weiter ermitteln müssen, um den Sachverhalt festzustellen. Sie hätten daher den B, die mit ihm unmittelbar befassten Vollzugsbediensteten und auch die ihn untersuchenden Ärzte persönlich anhören müssen, um sich einen Eindruck von den Vorgängen zu verschaffen. Die Abweisung der Anträge ohne weitere Sachverhaltsermittlung verletzte den B in seinem Grundrecht auf effektiven Rechtsschutz aus Art. 19 Abs. 4 GG.

Das Bundesverfassungsgericht wird daher die Entscheidungen der Fachgerichte aufheben und die Sache zur erneuten Entscheidung an das erstinstanzliche Landgericht zurückverweisen.

8.2 Fall „Der alte Glatzkopf"

Dieser Fall ist dem Urteil des BSG vom 22.04.2015, B 3 KR 3/14 R. nachgebildet.

8.2.1 Sachverhalt

Der 76-jährige K leidet seit 1983 an vollständiger Haarlosigkeit des Kopfes (lat.: *Alopecia totalis*) sowie des gesamten Körpers (lat.: *Alopecia areata universalis*). Hinzu kommt die Neigung zur Bildung von

Weißflecken (*Vitiligo*) bei ohnehin hellem Hauttyp. Die gesetzliche Krankenkasse hat ihn in der Vergangenheit wiederholt, zuletzt im Dezember 2006, mit Perücken versorgt. Seinen Antrag auf eine neue – vertragsärztlich verordnete – Kunsthaarperücke lehnte die Krankenkasse ab, weil die Kahlköpfigkeit bei K als mit 76 Jahren älterem Mann nicht als störende Auffälligkeit wahrgenommen werde und die Teilhabe am gesellschaftlichen Leben deshalb auch ohne Perücke uneingeschränkt möglich sei. Ein Widerspruch gegen diese Entscheidung blieb erfolglos.

K hat sich nach Erhalt des Widerspruchsbescheides eine Kunsthaarperücke für 820 Euro auf eigene Kosten beschafft und möchte nunmehr die Erstattung dieser Kosten von der gesetzlichen Krankenversicherung. Er macht geltend, der totale Haarverlust verursache einen hohen psychischen Leidensdruck, sodass er verschiedentlich schon psychotherapeutische Hilfe benötigt habe. Ihm könne nicht zugemutet werden, in der Öffentlichkeit stets eine Kopfbedeckung zu tragen, um sich vor den neugierigen Blicken der Mitmenschen zu schützen und der Gefahr von Sonnenbrand und der Entstehung von Hautkrebs vorzubeugen. Frauen in gleicher Lage würden von den Krankenkassen ohne Weiteres mit Perücken ausgestattet. Mit Blick auf das Verbot der Benachteiligung eines Menschen wegen seines Geschlechts (Art. 3 Abs. 3 S. 1 GG) könne Männern daher die Versorgung mit einer Perücke bei krankheitsbedingtem Haarverlust nicht verwehrt werden.

Wie wird das Sozialgericht den Kostenerstattungsanspruch des K entscheiden?

8.2.2 Lösung

Die auf Kostenerstattung gerichtete Klage ist zulässig.

Es ist nicht zu beanstanden, dass K nicht zunächst Klage auf Versorgung mit einer neuen Kunsthaarperücke (Anfechtungs- und Leistungsklage nach § 54 Abs. 4 SGG) erhoben hat, bevor er sich eine eigene Perücke gekauft hat. Durch die eigene Anschaffung der Perücke war der Antrag auf Erfüllung eines Sachleistungsanspruchs gar nicht mehr zulässig.

Es stellt sich daher die Frage, ob K zunächst einen erneuten Antrag auf Kostenerstattung stellen und das Widerspruchsverfahren hinsichtlich der Kostenerstattung abwarten musste, bevor er die vorliegende Klage erheben konnte. Gemäß § 99 Abs. 3 Nr. 2 SGG ist aber eine derartige Umstellung des Klageantrags bei gleich gebliebenem Klagegrund zulässig. Der Übergang vom Sachleistungsanspruch (§ 33 Abs. 1 S. 1 i.V.m. § 2 Abs. 2 S. 1 SGB V) zum Kostenerstattungsanspruch, wegen der erfolgten Selbstbeschaffung des begehrten Hilfsmittels ist daher zulässig.

Die Klage ist jedoch in der Sache unbegründet.

K kann die Kosten seiner Perücke nicht erstattet verlangen.

Ein Erstattungsanspruchs könnte sich aus § 13 Abs. 3 SGB V ergeben: „Konnte die Krankenkasse eine unaufschiebbare Leistung nicht rechtzeitig erbringen oder hat sie eine Leistung zu Unrecht abgelehnt und sind dadurch Versicherten für die selbstbeschaffte Leistung Kosten entstanden, sind diese von der Krankenkasse in der entstandenen Höhe zu erstatten, soweit die Leistung notwendig war." Dann müsste aber die Ablehnung der Leistung durch die Krankenkasse *unberechtigt* (2. Alternative) gewesen sein. Die Selbstbeschaffung eines aus medizinischen bzw. rehabilitativen Gründen erforderlichen Hilfsmittels durch K nach Ablehnung seines Leistungsantrags durch die Krankenkasse kann also nur dann zu einem Kostenerstattungsanspruch führen, wenn ihm ein entsprechender Sachleistungsanspruch (§ 2 Abs. 2 S. 1 SGB V) zugestanden hätte.

Rechtsgrundlage des ursprünglich geltend gemachten Sachleistungsanspruchs ist § 33 Abs. 1 S. 1 SGB V. Nach § 33 Abs. 1 S. 1 SGB V haben Versicherte Anspruch auf Versorgung mit Hörhilfen, Körperersatzstücken, orthopädischen und anderen Hilfsmitteln, die im Einzelfall erforderlich sind, um den Erfolg der Krankenbehandlung zu sichern, einer drohenden Behinderung vorzubeugen oder eine Behinderung auszugleichen. Dabei besteht ein Anspruch auf Versorgung mit Blick auf die *Erforderlichkeit im Einzelfall* nur, soweit das begehrte Hilfsmittel geeignet, ausreichend, zweckmäßig und wirtschaftlich ist und das Maß des Notwendigen nicht überschreitet.

Unter dem Hilfsmittelbegriff versteht der Gesetzgeber alle Hilfen, die von den Leistungsempfängern getragen oder mitgeführt oder bei einem Wohnungswechsel mitgenommen werden können und unter Berücksichtigung der Umstände des Einzelfalls erforderlich sind, um einer drohenden Behinderung vorzubeugen, den Erfolg einer Heilbehandlung zu sichern oder eine Behinderung bei der Befriedigung von Grundbedürfnissen des täglichen Lebens auszugleichen, soweit sie nicht allgemeine Gebrauchsgegenstände des täglichen Lebens sind. Als bewegliche Sachen erfüllen Perücken diesen Hilfsmittelbegriff.

Fraglich ist, ob die weiteren Voraussetzungen des § 33 Abs. 1 S. 1 SGB V für die Versorgung des Klägers mit einer Perücke erfüllt sind.

Die Perücke (Hilfsmittel) dient K weder zur Sicherung des Erfolgs der Krankenbehandlung noch zum Ausgleich einer Behinderung. Der typische männliche Verlust des Kopfhaares ist (nach ständiger Rechtsprechung) weder eine Krankheit noch eine Behinderung im Sinne von § 33 Abs. 1 SGB V. Nicht maßgeblich ist dabei, ob der Betroffene seine Haarlosigkeit subjektiv entstellend empfindet. Ein solcher Haarverlust (lat.: *Alopecia areata universalis*) kann nur bei einem jungen Mann eine Krankheit darstellen. Der alleinige Verlust des Kopfhaares bei einem älteren Mann ist jedoch nicht als Krankheit zu werten, weil er weder die Körperfunktionen beeinträchtigt noch entstellend wirkt und die meisten Männer im fortgeschrittenen Alter einen entsprechenden Haarverlust haben.

Hier liegt auch kein Verstoß gegen das Verbot der Benachteiligung eines Menschen wegen seines Geschlechts (Art 3 Abs. 3 S. 1 GG) vor, weil Frauen ohne Weiteres in gleicher Lage Perücken gewährt werden.

Anknüpfungspunkt für die unterschiedliche Behandlung von Frauen ist ausschließlich die entstellende Wirkung der Kahlköpfigkeit und deren Auswirkung auf die uneingeschränkte Teilhabe am Leben in der Gesellschaft. Die überwiegende Zahl der Männer verliert im Laufe des Lebens ganz oder teilweise ihr Kopfhaar. Dadurch erregen Männer aber weder besondere Aufmerksamkeit im Sinne von Angestarrt-Werden noch werden sie stigmatisiert. Demgegenüber tritt bei Frauen aus biologischen Gründen in der Regel im Laufe des Lebens kein entsprechender Haarverlust ein. Eine Frau ohne Kopfhaar fällt daher besonders auf und zieht die Blicke anderer auf sich. Dieser bei Frauen von der Norm deutlich abweichende Zustand ist als Krankheit zu werten, sodass die Versorgung mit einer Perücke bei Frauen Aufgabe der gesetzlichen Krankenversicherung ist. Es liegt damit zugleich ein sachlicher Grund für eine Ungleichbehandlung gegenüber älteren Männern vor.

Das geschlechtsspezifische Benachteiligungsverbot aus Art. 3 Abs. 3 S. 1 GG wird daher nicht verletzt.

Das Gericht wird die Klage abweisen.

8.3 Fall „Muslime tragen keinen Alkohol"

Dieser Fall ist dem Urteil des BAG vom 24.02.2011, 2 AZR 636/09 nachgebildet.

8.3.1 Sachverhalt

Der 52-jährige T trat im November 1995 in die Dienste der B, die ein Einzelhandelsunternehmen betreibt, als *Ladenhilfe* ein. Zu den Arbeitsaufgaben einer Ladenhilfe gehört es, sämtliche, im Einkaufsmarkt anfallenden Auffüll- und Räumarbeiten auszuführen. Die B, die eine Spezialisierung ihrer Mitarbeiter anstrebt, setzte den Kläger zunächst in der Abteilung *Allgemeine Lebensmittel* ein. Im Jahr 2008 wies die B dann den T mündlich an, nunmehr in der Getränkeabteilung zu arbeiten. T weigerte sich, der Anordnung Folge zu leisten. Er berief sich auf seinen muslimischen Glauben, der ihm den Umgang mit Alkohol und damit auch das Ein- und Ausräumen alkoholischer Produkte verbiete. In der Getränkeabteilung habe er ständig schlechtes Gewissen. Er habe daher entschieden, künftig strikt seinen Glaubensüberzeugungen zu folgen. Die B könne ihm andere Arbeiten etwa in den Bereichen Drogerie, Obst und Gemüse, Haushaltswaren oder Backwaren zuweisen.

Diesen Standpunkt behielt er auch nach schriftlicher Aufforderung zur Arbeitsaufnahme im Getränkebereich bei. B stellte ihn daraufhin ab sofort von der Arbeitsleistung frei. Nach Anhörung des Betriebsrats kündigte B das Arbeitsverhältnis fristlos und mit einem weiteren Schreiben vorsorglich fristgemäß. Sie hat die Auffassung vertreten, T habe seine Arbeitsleistung in vorwerfbarer Weise beharrlich verweigert. Die an ihn ergangene Weisung, in der Getränkeabteilung zu arbeiten, sei rechtmäßig, da sie auf die Glaubensüberzeugungen insoweit Rücksicht genommen habe, als sie ihn weder mit dem Ausschank noch mit der Verköstigung alkoholischer Getränke betraut habe.

T hat Kündigungsschutzklage erhoben und geltend gemacht, die Kündigungen seien unwirksam. Er sei nicht verpflichtet gewesen, der Weisung Folge zu leisten.

Wie wird das Arbeitsgericht entscheiden?

8.3.2 Lösung

Die Klage ist zulässig und begründet.

Die Kündigungen waren nicht i. S. v. § 1 Abs. 2 KSchG durch Gründe im Verhalten des Klägers bedingt. Zwar stellt die beharrliche Weigerung des Arbeitnehmers, eine vertraglich geschuldete, rechtmäßig und damit wirksam zugewiesene Arbeit zu leisten, eine erhebliche Pflichtverletzung dar und ist in der Regel geeignet, jedenfalls die ordentliche Kündigung des Arbeitsverhältnisses sozial zu rechtfertigen. Im Streitfall hat die B den T angewiesen, wieder im Getränkebereich zu arbeiten. T hat sich dieser Anordnung *beharrlich* widersetzt. T hat sowohl auf die mündliche als auch auf die nachfolgende schriftliche Anordnung der B deutlich zu erkennen gegeben, Arbeiten im Getränkebereich jedenfalls dann nicht auszuführen, wenn von ihm auch der Umgang mit alkoholhaltigen Getränken verlangt werde. Seine Weigerung war endgültig.

Aufgrund ihres Weisungsrechts (§ 106 GewO) konnte die B als Arbeitgeberin auch eine im Arbeitsvertrag nur abstrakt umschriebene Leistungspflicht des Arbeitsnehmers nach Zeit, Ort und Art der Leistung einseitig näher bestimmen. Dieses Weisungsrecht darf aber nur nach billigem Ermessen ausgeübt werden. Das verlangt, dass der Arbeitgeber bei seiner Entscheidung die wesentlichen Umstände des Einzelfalls abgewogen und die beiderseitigen Interessen angemessen berücksichtigt hat. Damit hätte die B einen ihr offenbarten und beachtlichen Glaubens- oder Gewissenskonflikt des Arbeitnehmers bei der Ausübung ihres Weisungsrechts berücksichtigen müssen.

Die Glaubensfreiheit gemäß Art. 4 Abs. 1 GG gewährleistet dem Einzelnen nicht nur die innere Freiheit, zu glauben oder nicht zu glauben, sondern auch das Recht des Einzelnen, sein gesamtes Verhalten an den Lehren seines Glaubens auszurichten und seiner inneren Glaubensüberzeugung gemäß zu handeln (BVerfGE 12, 1, Urteil vom 08.11.1969). Unter den Schutzbereich des Art. 4 GG fallen auch Verhaltensweisen, die nicht allgemein von den Gläubigen geteilt werden. Für eine zulässige Berufung auf Art. 4 GG kommt es nur darauf an, dass das Verhalten wirklich von einer religiösen Überzeugung getragen und nicht anders motiviert ist (BVerfGE 32, 98, Urteil vom 19.10.1971). Geschützt ist auch jede Gewissensentscheidung, d. h. jede ernste sittliche, also an den Kategorien *gut* und *böse* orientierte Entscheidung, die der Einzelne in einer bestimmten Lage als für sich bindend und unbedingt verpflichtend innerlich erfährt, sodass er gegen sie nicht ohne ernste Gewissensnot handeln könnte (BVerfGE 33, 23, Urteil vom 11.04.1972).

T beruft sich gegenüber der B hinsichtlich seiner nach dem Arbeitsvertrag geschuldeten Arbeitsleistung darauf, die Erfüllung der Arbeitspflicht bringe ihn aus religiösen Gründen in Gewissensnot. Zwar kann seine Glaubensüberzeugung anhand von Kriterien wie *irrig*, *beachtlich* oder *unbeachtlich* nicht nachgeprüft werden. Doch ist erkennbar, dass die von T ins Feld geführten Ge- oder Verbote seines Glaubens für ihn eine absolute Verbindlichkeit beanspruchen. Ob dieses Verständnis den islamischen Schriften der herrschenden Glaubenslehre entspricht, mag bezweifelt werden, ist jedoch nach dem verfassungsrechtlich gebotenen, subjektiven Glaubensbegriff nicht entscheidend.

Der vom T aufgezeigte Glaubenskonflikt fällt daher in den Schutzbereich des Art. 4 GG. Die B hat daher bei der Ausübung ihres Weisungsrechts auf die Glaubensüberzeugungen des T nicht hinreichend Rücksicht genommen. Ihre Weisung, im Getränkebereich zu arbeiten, entsprach damit nicht billigem Ermessen und war wegen eines Verstoßes gegen Art. 4 GG unverbindlich. T hat daher mit seiner Weigerung, ihr Folge zu leisten, seine vertraglichen Pflichten nicht verletzt.

Die Kündigungen sind unwirksam. Das Gericht wird der Klage stattgeben.

8.4 Fall „Boykottaufruf gegen AfDler"

Dieser Fall ist dem Urteil des Oberlandesgerichts Dresden vom 05.05.2015 – 4 U 1676/14 nachgebildet.

8.4.1 Sachverhalt

A ist Mitglied der AfD. Er betreibt einen Friseursalon in Leipzig. G, ein Mitglied der Grünen, hat über seinen privaten Twitteraccount folgende Mitteilung veröffentlicht: „Ab sofort empfehle ich, nicht mehr zum Friseur A. in Leipzig zu gehen. Inhaber ist ein AfDler. Man weiß nie, wo die Schere ansetzt."

Hintergrund der Äußerung war der Landtagswahlkampf, bei dem beide Beteiligten als Kandidaten ihrer konkurrierenden Parteien öffentlich in Erscheinung getreten sind.

A verlangt von G, nachdem er den G außergerichtlich erfolglos aufgefordert hat, eine strafbewehrte Unterlassungserklärung abzugeben, nunmehr gerichtlich, diese Äußerungen zu unterlassen.

Wie wird das Gericht entscheiden?

8.4.2 Lösung

Die zulässige Klage ist unbegründet.

Der im Wahlkampf verbreitete *Boykott*-Aufruf ist von der in Art. 5 GG geschützten Meinungsfreiheit gedeckt.

Die Empfehlung des Beklagten stellt als zulässige Meinungsäußerung im Sinne von Art. 5 Abs. 1 GG keinen rechtswidrigen Eingriff in das Recht des Klägers am eingerichteten und ausgeübten Gewerbebetrieb dar (§ 823 Abs. 1, § 1004 BGB).

Die Zulässigkeit von Boykottaufrufen richtet sich nach dem Ziel und den Zweck des Aufrufes sowie den hierfür eingesetzten Mitteln (BVerfG, Beschluss vom 08.10.2007, 1 BvR 292/02, BVerfGE 12, 272–279). Zur Abgrenzung wird insbesondere darauf abgestellt, ob der Aufrufer in eigenem (etwa wirtschaftlichem) oder öffentlichem Interesse im Sinne politischer, wirtschaftlicher, sozialer oder kultureller Belange der Allgemeinheit handelt. Schließlich müssen die Mittel der Durchsetzung des Boykottaufrufs verfassungsrechtlich zu billigen sein.

Die Empfehlung des G, die Dienstleistung des Klägers nicht mehr in Anspruch zu nehmen, stellt keinen rechtswidrigen Eingriff in den eingerichteten und ausgeübten Gewerbebetrieb des A dar, sondern einen wirtschaftlich uneigennützigen Boykottaufruf im öffentlichen Meinungskampf.

Die Äußerung, A sei Mitglied der AfD, ist eine wahre Tatsachenbehauptung, deren Verbreitung nicht untersagt werden kann. Der Satz, „Man weiß nie, wo die Schere ansetzt", stellt keinen rechtswidrigen Eingriff in das Persönlichkeitsrecht des A dar, sondern eine sarkastische und in zulässiger Form zugespitzte Äußerung im Wahlkampf.

Das Gericht wird die Klage abweisen.

8.5 Fall „Das Papamobil auf dem Christopher Street Day"

Dieser Fall ist dem Urteil des VGH Bayern vom 08.03.2010, Az.: 10 B 1102/09 nachgebildet.

8.5.1 Sachverhalt

K wollte auf dem Umzug am *Christopher Street Day* mit einem als „Papamobil" bezeichneten Lkw teilnehmen, um gegen die Ausgrenzung und Diskriminierung homosexueller Menschen zu demonstrieren. Bei dem Christopher Street Day handelt es sich um einen Fest-, Gedenk- und Demonstrationstag der Lesben, Schwulen, Bisexuellen, Transgender und deren Unterstützer.

Über der Fahrerkabine des Lkw hing ein größeres Schild mit der Aufschrift „PAPAMOBIL Wir sind Papst???". An den offenen Seiten des Lkw waren jeweils zwei ca. 120 x 80 cm große Plakate mit Abbildungen des Papstes Benedikt XVI. angebracht. Auf allen durch Fotomontage hergestellten Porträts war der Papst, dem auf zwei Plakaten eine Aids-Schleife an die weiße Soutane angeheftet war, mit einem über den kleinen Finger der rechten Hand gezogenen grünen bzw. gelben Kondom zu sehen. Auf zwei Plakaten waren darüber hinaus Mund und Augen des Papstes geschminkt sowie die unter dem Pileolus hervorragenden Haare teilweise gefärbt. Auf diesen beiden Bildern hielt der Papst zusätzlich ein weiteres Kondom zwischen Daumen und Zeigefinger der rechten Hand. Unter den Plakaten waren Schriftzüge angebracht, die wie folgt lauteten: Homosexuelle Beziehungen sind „zutiefst unmoralisch", „Homosexualität ist eine schwere Sünde!", Homosexuellen ist „mit Achtung, Mitleid und Takt zu begegnen!", Homosexuelle sind „gerufen, ein keusches Leben zu führen". Auf der Ladefläche des Lkw befand sich eine sitzende Puppe, die mit einem Messgewand bekleidet war und offensichtlich den Papst darstellen sollte. Sie trug eine violette Stola, auf der eine Vielzahl von Ansteckern angebracht war, darunter auch deutlich das doppelte Zeichen für *männlich*. Einige Gläubige, die diesen Lkw sahen, riefen die Polizei wegen Beleidigung des Papstes. Die herbeigerufene Polizei forderte den Verantwortlichen des Wagens K auf, die Papstpuppe unsichtbar auf der Ladefläche des Lkw zu verstauen und die Fotomontagen des Papstes zu entfernen. K kam der Aufforderung nach.

K stellte beim zuständigen Verwaltungsgericht den Antrag festzustellen, dass die polizeiliche Anordnung, die Abbildungen des Papstes auf den Plakaten und die sog. Papstpuppe zu entfernen, rechtswidrig war.

Wie wird das Gericht entscheiden?

8.5.2 Lösung

Die Klage ist zulässig.

Die vorliegende Klage ist als Fortsetzungsfeststellungsklage analog § 113 Abs. 1 S. 4 VwGO zulässig. Die angefochtene Maßnahme stellt einen Verwaltungsakt im Sinne des § 35 S. 1 VwVfG dar, der sich bereits vor Klageerhebung dadurch erledigt hat, dass die polizeiliche Anordnung, die Plakate mit den Papstabbildungen sowie die Papstpuppe auf dem für den Christopher Street Day geschmückten Wagen des K zu entfernen, befolgt wurde, ohne dass eine Rückgängigmachung dieser Vollziehung noch möglich wäre, da der Umzug beendet ist.

Die Klagebefugnis des K gemäß § 42 Abs. 2 VwGO ergibt sich hier daraus, dass er Adressat des streitgegenständlichen Verwaltungsaktes war, mit dem ihm die Entfernung der Papstplakate und der Papstpuppe auferlegt worden war, und er sich dadurch in seinen Rechten verletzt fühlte. Nach Entfernung der Plakate und der Papstpuppe aufgrund der polizeilichen Anordnung war es dem K nicht mehr möglich, mit diesem Fahrzeug seine Meinung zu den Äußerungen des Papstes kundzutun. Sein Recht auf freie Meinungsäußerung nach Art. 5 Abs. 1 GG war unmittelbar durch den erlassenen Verwaltungsakt beeinträchtigt. Er ist damit klagebefugt.

Für sein Klagebegehren hat K auch ein berechtigtes Feststellungsinteresse im Sinne des § 113 Abs. 1 S. 4 VwGO. Nach ständiger Rechtsprechung (Kopp/Schenke 2015) genügt dafür jedes nach vernünftigen Erwägungen nach Lage des Falles anzuerkennendes schutzwürdiges Interesse rechtlicher, wirtschaftlicher oder auch ideeller Art. Neben dem Interesse an der Geltendmachung von Schadensersatz- oder Entschädigungsansprüchen wird ein Feststellungsinteresse auch anerkannt, wenn die begehrte Feststellung, dass der Verwaltungsakt rechtswidrig war, zur Rehabilitierung erforderlich ist, weil der Verwaltungsakt diskriminierenden Charakter hatte, oder wegen der konkreten Gefahr der Wiederholung gleichartiger Verwaltungsakte.

K hat ein Rehabilitationsinteresse. Nach ständiger Rechtsprechung wird dies insbesondere bei Feststellungsbegehren, die polizeiliche Maßnahmen zum Gegenstand haben, angenommen (vgl. BVerwG, Urteil vom 29.4.1997, NJW 1997, 2534).

Das Feststellungsinteresse ist aber auch wegen der bestehenden Wiederholungsgefahr zu bejahen. K könnte mit dem Wagen in den nächsten Jahren wieder am Christopher Street Day teilnehmen und dabei die beanstandeten Papstbilder und die Papstpuppe zeigen wollen.

Die zulässige Fortsetzungsfeststellungsklage ist auch begründet, weil die polizeiliche Anordnung rechtswidrig gewesen ist und den K in seinen Rechten verletzt hat.

Durch die polizeiliche Anordnung ist K in dem Grundrecht auf freie Meinungsäußerung nach Art. 5 Abs. 1 GG, dem Grundrecht auf Kunstfreiheit nach Art. 5 Abs. 3 GG sowie dem Recht auf Pressefreiheit verletzt worden.

Rechtsgrundlage für die streitgegenständliche Anordnung war hier das Polizeigesetz. Die Polizei kann die notwendigen Maßnahmen treffen, um eine im einzelnen Fall bestehende Gefahr für die öffentliche Sicherheit oder Ordnung (*Gefahr*) abzuwehren. Die Polizei darf daher eine Maßnahme insbesondere dann treffen, wenn sie notwendig ist, um Straftaten zu verhüten oder zu unterbinden.

Vorliegend fehlte es jedoch an der Gefahr der Begehung einer Straftat. Damit lag auch keine Gefahr für die öffentliche Sicherheit vor, die die Polizei hätte abwehren müssen. K hatte weder durch das Vorzeigen der Papstdarstellungen auf seinem Wagen noch durch die Präsentation der Papstpuppe Straftaten begangen. Vielmehr war sein Handeln durch das Grundrecht auf Meinungsfreiheit aus Art. 5 Abs. 1 GG gedeckt.

Dem K ging es mit dem Wagen weder um die Herabwürdigung noch um eine Beleidigung des Papstes, sondern die retuschierten Abbildungen sollten auf satirische und kunstvolle Art die kritische Meinung des K bezüglich der Äußerungen des Papstes zur Homosexualität kundtun. Zudem waren die satirischen Fotocollagen als Kunstwerke anzusehen. Dem K war es um eine kunstvolle und auffällige Form der Auseinandersetzung mit der Haltung des Papstes gegenüber Homosexuellen gegangen. Schließlich ist es auch keine Beleidigung, wenn eine Schaufensterpuppe als Papst angezogen wird.

Das „Papamobil" stellte also eine satirische Kritik dar, die von der Meinungsfreiheit des Art. 5 Abs. 1 GG gedeckt gewesen ist. Angesichts des Anlasses, bei dem der Lkw mitgeführt werden sollte, sowie der textlichen Aussagen auf den Plakaten ist von einer inhaltlichen Auseinandersetzung mit der Einstellung der katholischen Kirche und ihrem Oberhaupt zu homosexuellen Lebensweisen auszugehen. Diese Kritik ist im Rahmen der öffentlichen Meinungsbildung hinzunehmen. Die satirische Einkleidung erfüllte auch nicht den Tatbestand der Schmähkritik, weil es dem K um eine Auseinandersetzung in der Sache und nicht nur darum ging, die auf den Bildern dargestellte Person verächtlich zu machen. Die satirische Verfremdung der Bilder des Papstes war so deutlich zu erkennen, dass ein unvoreingenommenes und verständiges Publikum nicht zu der irrigen Einschätzung gelangen konnte, der Papst sei homosexuell oder empfehle homosexuellen Personen den Gebrauch von Kondomen. Die Verfremdung der Papstbilder und die Aufmachung sind daher eindeutig als Meinungsäußerungen in Form von Satire bzw. Karikatur anzusehen und stellen daher keine Beleidigung des Papstes dar.

Daher setzt sich im vorliegenden Fall die Meinungsfreiheit des K gegen das Persönlichkeitsrecht des Papstes durch.

Damit ist festzustellen, dass den von der Polizei verbotenen Papstbildern und der Papstpuppe insgesamt kein Angriff auf die Ehre des Karikierten zu entnehmen war und er in seiner Würde nicht beeinträchtigt wurde. Die satirische Kritik hält sich in den Grenzen des Zumutbaren. Eine Beleidigung ist darin nicht zu sehen. Die polizeiliche Anordnung war damit rechtswidrig und hat den K in seinen Rechten verletzt.

Das Gericht wird der Klage stattgeben.

8.6 Fall „Wer zu spät kommt"

Dieser Fall ist dem Urteil des Sozialgerichts Gießen vom 05.05.2013, S 22 AS 629/13 nachgebildet.

8.6.1 Sachverhalt

Die Kläger wenden sich gegen eine Rückforderung in Höhe von 1.300,80 EUR.

A und B leben in unehelicher Lebensgemeinschaft von Sozialhilfe. B fand im Januar 2011 eine Tätigkeit, sodass der Bedarfsgemeinschaft in der Zeit von Januar bis März 2011 insgesamt Einkommen in Höhe von 3.825,12 EUR (bereinigt) zufloss. Dies teilten A und B der Behörde jedoch nicht mit.

Bereits am 25.02.2011 hörte der Beklagte die Kläger wegen der Überzahlung gewährter Leistungen an. Mit Bescheiden vom 20. und 23.05.2011 leitete die Behörde eine Rückforderung in Höhe von insgesamt 867,20 EUR (Monate Januar und Februar 2011) gegen A und B ein.

Auf den Widerspruch vom 20.06.2011 hob die Behörde die Bescheide vom 20.05.2011 und vom 23.05.2011 auf und entsprach dem Widerspruch in vollem Umfang (Bescheide vom 01.11.2011).

Nach erneuter Anhörung am 23.11.2011 hob die Behörde mit Bescheid vom 21.08.2012 die Leistungsbewilligung für die Monate Januar bis März 2011 in Höhe von 1300,80 € gegenüber A und B auf. Der Widerspruch blieb ohne Erfolg (Widerspruchsbescheid vom 26.07.2013).

A und B sind der Ansicht, dass sie die zu viel gezahlte Sozialhilfe nicht zurückzahlen müssen und haben Klage erhoben. Sie begehren die Aufhebung des Widerspruchsbescheides vom 26.07.2013.

Wie wird das Gericht entscheiden?

8.6.2 Lösung

Die form- und fristgerecht erhobene Klage ist zulässig (§§ 87, 90, 92 SGG).

Sie ist auch begründet.

Der Bescheid vom 21.08.2012 in der Gestalt des Widerspruchsbescheides vom 26.07.2013 ist rechtswidrig und verletzt die Kläger in ihren Rechten, § 54 Abs. 2 SGG.

Rechtsgrundlage für die Aufhebung der Bewilligung von Leistungen der Grundsicherung für Arbeitssuchende für die Vergangenheit wegen der Anrechnung von Einkommen nach § 11 SGB II für die Zeit vom 01.01. bis zum 31.03.2011 ist § 40 Abs. 1 S. 2 Nr. 1 SGB II i. V. m. § 330 Abs. 3 SGB III, § 48 Abs. 1 S. 2 Nr. 3 SGB X.

Nach § 48 Abs. 1 S. 2 Nr. 3 SGB X ist ein Verwaltungsakt mit Dauerwirkung vom Zeitpunkt der Änderung der Verhältnisse, die beim Erlass des Verwaltungsaktes vorgelegen haben, aufzuheben, wenn nach Antragstellung oder Erlass des Verwaltungsaktes Einkommen oder

Vermögen erzielt worden ist, das zum Wegfall oder zur Minderung des Anspruchs geführt haben würde. Dies ist vorliegend der Fall.

Gemäß § 48 Abs. 4 S. 1 SGB X gilt § 45 Abs. 4 S. 2 SGB X entsprechend, d. h., die Behörde muss auch bei einer Aufhebung eines Verwaltungsaktes wegen Änderung der Verhältnisse dies innerhalb eines Jahres seit Kenntnis der Tatsachen tun, welche die Aufhebung für die Vergangenheit rechtfertigen.

Diese Jahresfrist des § 45 Abs. 4 S. 2 bzw. § 48 Abs. 4 S. 2 SGB X beginnt nach dem Bundessozialgericht (Urteil vom 06.04.2006, B 7a AL 64/05 R) in jedem Fall schon dann, wenn die Behörde der Ansicht ist, dass die ihr vorliegenden Tatsachen für eine Rücknahme oder Aufhebung der Arbeitslosenhilfebewilligung genügen. Dies ist spätestens zu dem Zeitpunkt der Fall, an dem die Bewilligung erstmals aufgehoben wurde, also im Mai 2011. Dass sich dieser Aufhebungsbescheid durch Erlass eines neuen Rücknahmebescheides später erledigt hat, ändert daran nichts. Auch erneute Entscheidungen in der Sache müssen sich an der erstmaligen Erkenntnis der Rücknahmemöglichkeit orientieren. Ansonsten würde der Lauf der Entscheidungsfrist des § 45 Abs. 4 S. 2 SGB X umso später beginnen, je geringer die rechtliche Erkenntnisfähigkeit der handelnden Behörde wäre.

Die Behörde hat diese für die Aufhebung der Bewilligungsentscheidung für die Vergangenheit maßgebende Frist nicht eingehalten.

A und B müssen die Überzahlung nicht zurückzahlen.

Das Gericht wird der Klage stattgeben.

8.7 Fall „Der liebe Nachbar“

Dieser Fall ist dem Urteil des AG Winsen vom 11.11.2002, Az.: 23 C 1482/02 nachgebildet.

8.7.1 Sachverhalt

A und B sind unmittelbare Grundstücksnachbarn. Auf dem ca. 3.000 m² großen Grundstück der A befindet sich ein Einfamilienhaus. Auf dem Grundstück des B, das ca. 1.500 m² groß ist, befindet sich ebenfalls ein Einfamilienhaus. Die Häuser stehen etwa 30 m auseinander. Zwischen den beiden Grundstücken befindet sich ein Metallgitterzaun. Die Parteien sind im Übrigen heftig zerstritten. Nach einem erneuten Streit im

Dezember 1998 installierte B in mehreren Fenstern seines Hauses ein Gerät, dass das Aussehen einer Kamera hatte und an dem sich eine regelmäßig blinkende kleine Funktionsleuchte befand. Die Geräte waren auf das Grundstück von A mit dem darauf befindlichen Wohnhaus gerichtet. A hatte daraufhin das Gefühl, Tag und Nacht überwacht zu werden, und klagte auf Unterlassung. Tatsächlich handelte es sich dabei aber lediglich um Videokameraattrappen.

A klagte auf Unterlassung. Wie wird das Gericht entscheiden?

8.7.2 Lösung

Die Klage ist zulässig und begründet.

Der A steht gegen den B ein Beseitigungsanspruch gemäß §§ 1004 BGB i. V. m. § 823 BGB zu.

B muss die in den Fenstern seines Hauses aufgestellten Kameras bzw. Kameraattrappen, die auf das Grundstück der A gerichtet sind, von dort entfernen.

Das Anbringen einer Attrappe einer Videokamera, die ihrem Erscheinungsbild nach einer echten Videokamera täuschend ähnlich sieht, stellt einen Eingriff in das allgemeine Persönlichkeitsrecht im Sinne von Art. 1, 2 GG dar. Das allgemeine Persönlichkeitsrecht als einheitlich umfassendes subjektives Recht auf Achtung und Entfaltung der Persönlichkeit gibt dem Inhaber einen Anspruch auf Achtung seiner individuellen Persönlichkeit auch gegenüber einer Privatperson (mittelbare Drittwirkung der Grundrechte) und umfasst zum einen das Recht, in Ruhe gelassen zu werden, und gibt zum anderen das Recht auf freie Entfaltungsmöglichkeit und aktive Entschließungs- und Handlungsfreiheit. Geschütze Sphären sind die Individualsphäre, also das Selbstbestimmungsrecht, die Privatsphäre und damit das Leben im häuslichen oder sonstigen Privatleben, und zwar nicht nur im eigenen häuslichen Bereich, und die Intimsphäre, die grundsätzlich absoluten Persönlichkeitsschutz genießt.

B hat das allgemeine Persönlichkeitsrecht der A dadurch verletzt, dass er eine funktionsfähig aussehende Videokameraattrappe in den Fenstern seines Hauses so angebracht hat, dass das Grundstück und das Haus der A damit scheinbar gefilmt werden kann. Die Aufstellung der Videokameraattrappe und damit die konkludente Androhung des Filmens stellen eine dauernde Androhung einer Videoüberwachung dar, ohne dass es darauf ankommt, ob die Videokamera tatsächlich funktionsfähig ist oder lediglich eine Attrappe ist. Maßgeblich ist der bei der A und ihren Besuchern erweckte Eindruck, dass das angebrachte Gerät funktionsfähig sein könnte und damit Aufzeichnungen gemacht werden könnten. Die A muss damit ständig mit der ihren Privatbereich überwachenden Aufzeichnung rechnen.

Das Gericht wird der Klage stattgeben.

Literaturempfehlungen für Fallsammlungen und Anleitungen zur Falllösung

Staats- und Verfassungsrecht

Degenhart, C. (2013): Klausurenkurs im Staatsrecht I. – Staatsorganisationsrecht, Grundrechte, Verfassungsprozessrecht. 3. Aufl. C. F. Müller, Heidelberg

Höfling, W. (2014): Fälle zu den Grundrechten. 2. Aufl., C. H. Beck, München

Schwabe, W. (2014): Staatsrecht II. Grundrechte, Materielles Recht und Klausurenlehre. Boorberg, Stuttgart

Verwaltungsrecht

Frenz, W. (2013): Öffentliches Recht. Eine nach Anspruchsgrundlagen geordnete Darstellung zur Examensvorbereitung. 6. Aufl. Vahlen, München

Heyen, E. V., Collin, P. (2014): 40 Klausuren aus dem Verwaltungsrecht. 11. Aufl. Vahlen, München

Muckel, S. (2013): Klausurenkurs zum besonderen Verwaltungsrecht. 5. Aufl. Vahlen, München

Peine, F.-J. (2013): Klausurenkurs im Verwaltungsrecht. 5. Aufl. 2013, C. F. Müller, Heidelberg

Schmidt, T. I. (2014): Fallrepetitorium Allgemeines Verwaltungsrecht mit VwGO. 2. Aufl. C. F. Müller, Heidelberg

Schwerdtfeger, G. (2012): Öffentliches Recht in der Fallbearbeitung. 14. Aufl. C. H. Beck, München

Seidel, A., Reimer, E., Möstl, M. (2015): Allgemeines Verwaltungsrecht. Mit Kommunalrecht und Bezügen zum Verwaltungsprozessrecht sowie zum Staatshaftungsrecht. 3. Aufl. C. H. Beck, München

Seiler, C. (2015): Examens-Repetitorium Verwaltungsrecht. 5. Aufl. C. F. Müller, Heidelberg

Literatur

Badura, P. (2015): Staatsrecht. Systematische Erläuterung des Grundgesetzes für die Bundesrepublik Deutschland. 6. Aufl. C. H. Beck, München

Bethge, H., von Coelln, C. (2011): Verfassungsrecht. 4. Aufl. Vahlen, München

Degenhart, C. (2014): Staatsrecht I – Staatsorganisationsrecht. Mit Bezügen zum Europarecht. 30. Aufl. Hüthig-Jehle-Rehm; 28. Aufl., Heidelberg, München, Landsberg, Frechen, Hamburg

Detterbeck, S. (2015): Allgemeines Verwaltungsrecht. 13. Aufl. C. H. Beck, München

Engelhardt, H., Mosbacher, W., Stammberger, B., Troidl, T. (2014): Verwaltungs-Vollstreckungsgesetz, Verwaltungszustellungsgesetz: VwVG, VwZG – Kommentar unter Berücksichtigung der landesrechtlichen Bestimmungen, der Abgabenordnung, des EG-Beitreibungsgesetzes und des Europäischen Übereinkommens über die Zustellung von Schriftstücken in Verwaltungssachen im Ausland. 10. Aufl. C. H. Beck, München

Erbguth, W. (2014): Allgemeines Verwaltungsrecht mit Verwaltungsprozess- und Staatshaftungsrecht. 7. Aufl. Nomos, Baden Baden

Erichsen, H. U., Ehlers, D. (2010): Allgemeines Verwaltungsrecht. 14. Aufl. De Gruyter, Berlin

Gersdorf, H. (2015): Verwaltungsprozessrecht. 4. Aufl. C. F. Müller, Heidelberg

Hufen, F. (2013): Verwaltungsprozessrecht. 9. Aufl. C. H. Beck, München

International Federation of Social Workers and International Association of Schools of Social Work (2004): Ethik in der Sozialen Arbeit – Darstellung der Prinzipien. In: http://www.lienkamp-berlin.de/resources/IFSW-IASSW_Ethics_in_Social_Work_2004_engl-dt.pdf; 19.11.2015

Ipsen, J. (2015): Allgemeines Verwaltungsrecht. 9. Aufl. Vahlen, München

Ipsen, J. (2014a): Staatsrecht I – Staatsorganisationsrecht. 26. Aufl. Vahlen, München

Ipsen, J. (2014b): Staatsrecht II – Grundrechte. 17. Aufl. Vahlen, München

Katz, A. (2010): Staatsrecht. 18. Aufl. C. F. Müller, Heidelberg, München, Landsberg, Frechen, Hamburg

Kopp, F., Schenke, W.-R. (2015): Verwaltungsgerichtsordnung. 21. Aufl. C. H. Beck, München

Manssen, G. (2015): Staatsrecht, Grundrechte. 2. Aufl. C. H. Beck, München

Maurer, H. (2014): Staatsrecht. 7. Aufl. C. H. Beck, München

Maurer, H. (2011): Allgemeines Verwaltungsrecht. 18. Aufl. C. H. Beck, München

Pieroth, B., Schlink, B., Kingreen, T., Poscher, R. (2013): Grundrechte – Staatsrecht II. 29. Aufl. C. F. Müller, Hüthig, Jehle, Rehm

Reinhardt, J. (2014): Grundkurs Sozialverwaltungsrecht für die Soziale Arbeit. Ernst Reinhardt, München/Basel

Schenke, W.-R. (2014): Verwaltungsprozessrecht. 14. Aufl. C. F. Müller, Heidelberg

Schmidt, R. (2015a): Staatsorganisationsrecht sowie Grundzüge des Verfassungsprozessrechts und des Rechts der Europäischen Union. 15. Aufl. Rolf Schmidt, Grasberg bei Bremen

Schmidt, R. (2015b): Allgemeines Verwaltungsrecht: Grundlagen des Verwaltungsverfahrens; Staatshaftungsrecht. 18. Aufl. Rolf Schmidt, Grasberg bei Bremen

Schmidt, R.(2015c): Verwaltungsprozessrecht. 17. Aufl. Dr. Rolf Schmidt, Grasberg bei Bremen

Wabnitz, R. J.(2016): Grundkurs Recht für die Soziale Arbeit. 3. Aufl. Ernst Reinhardt, München/Basel

Sachregister